香港淪陷記

十八天的戰爭

·唐海著·

新新出版社

一九四六年一月

香港淪陷記

（每冊實價三百五十元）

作者　唐海著

發行人　賀尚華

發行所　新新出版社
上海雲南路七號
工業大樓308號

經售者　各大書局

中華民國卅一年三月初版（E）
中華民國卅五年一月再版（A）

目錄

一　甯靜的星期日……一
二　「眞的？還是假的？」……六
三　夜晚的九龍……一二
四　偷　渡……一六
五　慌亂的退却……二四
六　焦急的期待……二八
七　在香港大酒店……三三
八　觀戰東山台……三七
九　「和平之門」關閉後……四三

十 買米和領飯……四六
十一 飢餓的平民……五二
十二 砲彈插曲……五六
十三 防空洞……五七
十四 一〇三號防空洞裏……六三
十五 「謠言！」「謠言！」……六七
十六 黑色的聖誕節……七三
十七 行路難……八一
十八 劫後風光……九一
十九 流氓世界……九九
二十 再見！腐臭了的香港……一〇五

一　寧靜的星期日

「在非洲的沙漠裏，有這麼一種鴕鳥：當牠遭遇到敵人而無法抵禦時，牠就把牠的頭部深深埋入在沙漠裏——雖然牠龐大的身體還依舊暴露在外面，牠以爲自己看不見危險，危險就已經不存在了。這種把頭部藏在屋內裝作看不見危險的鴕鳥生活，就是香港的人民生活。」

記不清是那一位外國記者，曾經在抵達香港一個時期後的廣播中，說明他對於香港的印象時，用了上面這樣的一個譬喻。他指出香港人民的安定生活，不過是一種鴕鳥式的生活，危險正潛伏在四周，但，自己卻裝着看不見，不理會。

裝作看不見，不理會，不想到漫天烽火的戰爭，香港確是安定的。一九四一年十二月七日是一個星期日。休假日特有的安閒，表現在電影院滿座，酒吧間堆滿了客人，舞塲裏不停的發散着爵士音樂上，四周找不出一絲的戰爭氣息；只是近二三天來香港政府在舉行開玩笑般的防空演習而已。沒有人想到戰爭會在明天清晨就光臨到這安定了一百年的海島上，更沒有人想到這一個休假日將是香港和平舒適生活宣告終結的最後一個休假日——渡過了這個平和的休假日，明天就面臨着戰爭！

還不足三個星期就到聖誕節了。會打算盤的商店老板，紛紛在作怎樣趁聖誕節做一筆好買賣的準備，賀年片五顏六色的放滿在玻璃櫥窗裏，「聖誕節大減價」的旗幟，飄揚在人行道上觸目的地方；一個百貨公司已經用棉花紮起雪白鬍鬚拿着襪袋的「聖誕老人」，陳列在門口；郵政局催促那些預備寄聖誕禮物到美國去的先生小姐們：「如果不在這幾天內將禮物寄出，恐怕會無法把這些禮物遞送到你親友手裏。」因此，牠特地敬告這些要寄禮物的朋友們，×××號郵船就在這二天內開出遠離香港了。

天氣是那麼暖和，「中國內地怕正在下雪呢！」過慣舒適生活的香港寓公，他們正慶幸這裏沒有寒冷的冬天；「莫干山是避暑所在，但香港卻是避寒的好地方。」還用不到吃火鍋，還用不到在西裝上再加一件秋季大衣，誰曾想到現在已經是嚴寒的冬天呢？

一些好動的年青朋友們，他們消磨休假日的辦法，大多是作一次小小的旅行，目的地多半是在九龍郊外；搭一個鐘頭的火車就可以抵達新界，或者元朗、粉嶺。帶一些麵包、牛肉、水菓、糖菓，圍坐在草地上，吃着帶來的乾糧，呼吸一些鄉間的新鮮空氣，高興時在草地上互相來回的追逐，或者打一個時候的排球，厭倦了就躺在草地上，仰望着蔚藍色的青天。這一個星期日裏，有許多商店職員組成的旅行隊，搭趁火車去逛了這些地方；更有一些中學校的男女同學們，他們由老師領導，帶着鍋、碗、菜、肉，在山邊樹林裏煮起飯來，辛苦了幾個鐘頭後，團團坐在一起野餐，他們爽朗的笑聲和嘹亮的歌聲，很久還飄揚在這寧靜的山邊。

這一個星期日，記者和一些朋友們也作了一次這樣的旅行。因為搭火車誤了時間，就趁了擁擠的公共汽車去了小西湖，那算是九龍的一個名勝地；在那裏曾經碰見了許多男女學生在嬉笑中追逐，在和平寧靜的空氣裏渡過了休假日。

三

回到香港，已經天快黑的時候；一個討論日美戰爭會不會爆發的座談會正在熱烈地舉行

是根據各方面條件看起來，日美戰爭是一定要爆發的；但不至於在短期內。因為，誰想到野村、來栖正在華盛頓舉行「誠懇」的談判，而派遣他們的政府却正在作戰爭

的準備呢？

前幾天，香港政府的華人代表曾經作過一次廣播，他用不起勁的口吻，代表香港政府勸告市民疏散。沒有具體的疏散辦法，沒有說明已經迫近的危機，市民們對於這樣的勸告可以說很少有人去理會的，他們已經有過一次以上的疏散經驗——起先是慌張的離開了香港，結果是平靜無事，又回歸了香港。以前被疏散到澳洲去的英國官員的太太們，她們經已兩次要求回到香港來會晤她們的丈夫；香港的丈夫們和澳洲的太太們，都在設法利用無線電廣播互相問安；澳洲的太太們還曾經用了許多理由來說明非回香港不可的道理。

晚報上用大字標題刊出了羅斯福總統呼籲日皇停止戰爭的電訊，并沒有引起這裏很大的注意；夜晚的馬路上依然，派到才是開到香港不久的加拿大兵和皇家士兵，穿着皮靴響亮的過市，他們依舊進酒吧間跳舞場，和平日一樣，在安排他們的休假日。

據說在最後一場電影——九點到十一點的時候裏，在各電影院的銀幕上，都映出通告士兵即刻歸隊的告白，接着不久，香港總督又下緊急命令召集義勇隊入伍；但那消息除了報館和義勇隊有關的人士知道外，全香港九龍一百六十萬以上的人們，有的正在跳舞場裏沉醉於爵士音樂，有的則在電影散場後還坐在咖啡店裏；有的游山旅行奔走了一整天，已經倒在床上渡過休假日最後的幾個鐘點，準備明天九點鐘，依舊上他的辦公室；做小販的還嘶破着喉嚨在叫賣，苦力們在商樓邊的水門汀上睡着了；戰爭開始爆發的時候，可以說香港還正在睡夢中呢！

二 「真的？還是假的？」

一九四一年十二月八日清晨七點鐘，我起了床。九龍彌敦道上是和平時一樣的寧靜：公共汽車已經有了，但來回的次數很少；小汽車偶然的掠過，并不足以妨碍彌敦道上的安靜；幾家食品店舖已經陸續的卸下了店門，穿着乾淨的白色工作衣的伙計 還是倚着店門，閒着瞧住過往稀少的行人。

沿着海 的兒童公園，草地上，我緩緩的踱着。剛吃過早點，拿着早上才送來的報紙，坐下椅子打開來，第一條大標題是羅斯福呼籲日皇停止戰爭的消息。才一刻，忽然聽到隆隆的飛機聲，一陣猛烈的炸彈爆炸聲跟着響起來，高射炮亦隨着發出聲音了，炸彈與高射炮聲連成一片，劃破了早上寧靜的空氣。

幾個散坐草地椅子上的人，立時站起來向着落彈方向看過去，那面已經冒着黑烟起火了

•不一刻，一輛疾駛的救火車掠過我們的前面，異樣的喇叭聲•怪刺人耳朵，我正猶豫着想回去，旁邊一位穿西裝的青年朋友像感嘆一樣的說：「好逼真的防空演習啊！」

才一刻，又聽到了飛機聲　高射砲直又響起來，我趕緊的躲在一間大酒店的樓下；那裏早已站滿了許多外國人和少數中國人。沿馬路住宅裏的外國人，男的女的，有的站在大門口，有的倚着窗門望住外面，不安和恐慌滿堆在他們的臉上。一個年老的英國人，用英語罵着一個正在路上奔跑的男子，他高叫着趕快躲到房屋地下去，炸彈每響一下，他便自然的將身體擺動一下。

「是防空演習還是戰爭爆發呢？」

大家互相觀望着，互相訴說着各人不同的意見：一個肯定的說，「有百分之七十是防空演習」，他爲着證實他的觀點，舉了一下今天早上的報紙「報上一些都沒有說起戰爭已經逼近了啊！」但，另一個反駁了，認爲這也許是戰爭爆發，「假的演習決沒有那樣逼真的，那邊近啓德飛機場的房子不是起火了嗎？」

近飛機場方向的房子確實已經起火了，遠遠的，已經可以望見冒起的黑烟。「是戰爭爆

八

發現？還是防空演習呢？」「是真的？還是假的呢？」沒有人願意這是戰爭的來臨，希望它仍是防空演習的倒着實有許多人。

那個大酒店的一個華人賬房，他匆匆從另一個地方跑回來，急促的話聲變成了斷斷續續，他用英語向大家訴說：「七點鐘，七點鐘，戰爭已經到了……。」「戰爭」！這是一顆小炸彈，在每一個人的心底爆炸開來。這一句話的威力，遠超過在附近爆炸的炸彈！

當我回到彌敦道的時候，一些已經開門的店舖，紛紛在重新上起店門來，路人都帶着一顆震盪的心，匆匆的走着，站立在馬路邊的閒人特別多，他們都在探聽究竟是怎麼一回事？「是真的？還是假的？」

警報解除了以後，無目的的路人像有緊急事在心里那樣跑着，看到一個熟人，立刻就問：「是真的？還是假的？」回答大多是很模糊的。住在屋裏的人，紛紛跑出來，看看街上的動靜。街上依然是熙熙攘攘的有許多行人，間或有一輛急駛的軍用車在人叢中飛快的掠過。許多人準備立刻從九龍過海到香港去，但是平日只要八分鐘就可以過海的所有輪渡渡口，都已經不准市民們自由來往了，停立在輪渡口等待過海的有一大堆人，因為現在才九點鐘，照平日習慣，正是上寫字間的時間啊！

官方還沒有正式發表戰爭已經爆發的告白，但，靠近啓德飛機塲附近的居民已經紛紛向尖沙咀碼頭那個方向逃來了：他們帶來了證實戰爭的消息。他們不僅看到了丟炸彈的飛機上有兩塊大紅的膏藥，而在他們附近的房子，已經有好多處中彈起火了。

大早，近飛機塲的居民們還多在睡夢裏，輕輕的警報聲，並沒有把他們從牀上喊起來，忽然，一顆炸彈從頭上落下來了——日本飛機師的技術就這樣的不高明，目標在飛機塲，炸彈却落在附近的民房裏，於是一些還在床上沒有起來的人，還沒有弄清楚那裏來的敵人，就被炸得血肉橫飛了。

近飛機塲的居民們證實了戰爭的消息，於是立即有人想起了九龍還有幾家日本人開的商店，當大家擁到日本商店門口的時候，只見店門是半掩半開的，門板有的已經打破了，據那些商店隔壁的鄰人說：大清早就有香港政府的警察匆匆的來敲門，但裏面連一些回音都沒有，於是警察們就動起手來，劈拍一陣衝進屋裏，已經找不到一個人影，原來那些日本僑民已經跟隨着他們的領事，在昨晚乘最後一次離開香港開往廣州的輪船全部溜走了。

一〇

這時候店舖已經沒有交易，一些急於要貯藏一些糧食的人，便四出找覓熟悉的店舖。不用說貨價立刻漲了，賣一些東西給你還得要很大的面子。店夥急忙忙的，有時候多給了貨物，有時候又少算了錢。馬路上已經有政府的防護人員穿着制服來回的走着。人們可還是亂得一團糟，在來回打聽戰爭是不是真的爆發了的消息。

因為九龍沒有報館，所有的報紙全部集中在香港，香港和九龍間交通隔絕了以後，這中間的距離似乎是無法計算了。九龍的居民們眼巴巴的等望着香港方面報紙的號外，但一直等到晚上，還沒有聽到「號外」「號外」的叫賣。

於是探聽消息的多集中在警察和防護人員身上；可是他們一樣的答不出所以然來。他們只知道香港有戰爭了。和九龍相連接的新界敵人怎麼樣？香港以外又怎麼樣？是不是日本已對英美宣戰了？這些，都沒有人能作一個詳盡的回答！

警報一次接連一次的叫着。這一次才解除，馬上第二次又接上了。飛機老是在新界那方面打轉，警報是在新界見到了飛機時候發出的，由新界到市區的飛機航程不過幾分鐘，因此，一次長長的解除警報還沒有完了，而短促的緊急警報又接着響起來。市民們是來不及逃避的，他們唯一的辦法就是躲在四層或者三層樓下面，坐在扶梯上東東的發抖。他們都是在這個天堂似的海島上安定了好幾年的，大都沒有遭遇過戰爭的磨煉，一日猝然爆發了戰爭，他們不知道應該怎樣才比較平安些；炸彈每響一下，他們便慌亂了一下，胆小的女人嚇得哭出聲來，她們擠在屋角裏，怨恨地下沒有洞讓她們鑽了下去。

我在一個朋友那裏收聽上海的德國電台廣播，一口很地道的國語，一個女人的聲音，在報告今天世界上發生重大的變動：日本已對英美宣戰；日本的軍艦正向珍珠港突擊；上海日軍威逼黃浦江中的英美軍艦投降，炮戰在進行中，同時，日軍已經越界開入了公共租界，還說市民秩序良好，表示歡迎。最後她報告香港已經第一次遭到了空襲，日本飛機在啓德飛機場投下了炸彈。

三　夜晚的九龍

這是香港戰事爆發後的第一個夜晚。九龍的居民們奔跑了一整天，這時候多關在漆黑的屋子裏；街上沒有路燈，屋內也同樣沒有耀眼的燈火，用黑布包了又包的暗幽幽電燈下，各人在安排自己的命運：有的覺到自己的住所不妥當，就趕緊帶了細軟東西，拖着老母妻子和孩子搬到另外的地方去，不管這裏到那裏的距離不過相差一二里；有的覺到隨他去聽天由命，只要家裏有存糧不至於餓死也就得了。因爲今天是戰爭的第一天，沒有戰爭經驗的市民們是無法習慣的，因此到了天黑後不久，扶老携幼的逃難者，在馬路上逐漸多了起來，有的向新界方面走，有的則跑到市中心區來，你來我去，究竟那兒是安樂土，誰也不知道，大家就這樣瞎闖瞎摸的逃着。

夜晚九龍的街道，都是暗幽幽的，這和前二天防空演習時相同，不過沒有防護人員來施放信號或者燃燒餘火而已。平常，七八點鐘正是街上熱鬧的時候，兩邊店鋪裏明亮的燈光，照映着各色各樣的貨物，霓虹燈時息時亮的廣告到處都可以看到，電影院門口更是熱鬧的場所，一對對青年男女們高傲的在柏油馬路上蹀步，但是今晚，什麽都看不見了：沒有一個臉上帶着歡笑；電影院是冷清清的拉緊了鐵門；大部份的店鋪關上了門，裏面似乎寂靜得連八聲也沒有。除了隔一個時候連接着出現一批批的逃難人羣外，在屋內只聽到一陣皮鞋脚敲打水門汀的聲音——那是站崗的警察或者防護人員在百無聊賴中緩緩的蹀步。

公共汽車依舊有，但不知它是否還依照着原來路綫走，過了站時高興停就停下來，不然就慢慢的過去了。速度低落得可怕，它爲着看不清前面的馬路，只得不停的按着喇叭，按得太多的時候，司機就輕輕的喊；「閃開！閃開！」

我曾經搭上公共汽車沿着彌敦道跑了一次。汽車的速度比步行快不了多少，而且時時停下來，車頭上的電燈僅僅露出了一絲燈光，防護人員就高喊「停車」。車廂里，有時突然擁上一大批搭客，他們都是防護人員和警察，過了幾站就都下去了。於是車廂里恢復了原來的寂靜。搭客間彼此很少說話，大家眼睜睜的看着籠罩在黑暗中的車外，慘淡的寂靜，掠上了每個搭客的心胸。和昨晚僅僅相隔了二十四小時，而環境是改變得怎樣不同啊！

這一個白天，似乎特別的悠長。戰爭到來以後，人們就希望它趕快天黑；可是到了天黑又怎麼呢，現在要怎樣渡過這漫漫的長夜了！沒有消遣的地方，有的只是憂愁和顧慮。窮苦的居民們，他們家無隔宿的存糧，收入却斷絕了，担心着怎樣才能活下去。因爲就在這一天裏，許多工廠和商店都自動的停業了，老闆也不知道躲到了什麼地方。生活比較優裕的人，這時候舒適的生活秩序也早給第一顆炸彈着地的聲音打破了，他們只在担心會不會把命丟掉，儘是盤算着怎樣才可以活命。

咸家咖啡店似乎還沒有關門，推開了掛了好幾層的黑布，裏面還能看到耀眼的電燈，可是食品已經減少了：牌子上寫着「麵包售盡，」還存有一些點心，其他就是牛奶和咖啡。

咖啡店的顧客，多半換了公務人員，許多防護團或者警察臨時的辦公處就設在那裏。電話已經徵用了，不斷的電話鈴聲告訴着各方面發生的事件。警察署的衝鋒車帶着拖長的喇叭聲飛快的在門前掠過，發出一陣隆隆的聲音。

黑暗的馬路上，時時有軍用車經過，每一輛都裝得滿滿的；有幾次是軍用品，但有幾次却是裝滿荷槍實彈的兵士。新界和九龍市區雖然相隔不過一個小時的火車旅程，但步行卻要化去大半天。似乎很有自信似的，前面有許多軍隊在抵抗：英國皇家步兵，加拿大兵以及印度兵，他們都有着精良的武裝，足以抵禦來進攻的敵人。

九龍市區現在成為戰場的後方了。它是前方的補給線，聯絡站；但這時候似乎已經因為疲勞和不安而睡著了。

四 偷渡

九龍和香港間的交通，不知道爲什麼要封鎖起來；官方沒有正式的佈告，只不過在搭乘輪渡的碼頭上站住警察，不准下船而已。如果需要過海的話，一定要拿出「派司」才可以通過，但那「派司」只限於政府公務人員才可以領用。可是另一面，一些小艇仔這時候倒做了好生意，他們一次次搭客過海去，由每個人五毛錢一直漲到了貳元錢。那些船隻似乎沒有在封鎖之列。起先，大輪渡不准搭乘沒有「派司」的搭客時，小艇仔却照樣可以過去，雖然他們的活動，也在警察們的視力圈內。

在當時想起來，這是相當奇怪的事情，可是過後問了一位熟悉香港的朋友，他說：「香港就是這樣的！」關於九龍居民不准過海的理由，有幾種推測，比較有力的推測，這是由於軍事上的需要。但爲什麼禁止對海的居民來往呢？却又說不出緣由。有人估計香港地小存糧不多，如果九龍的居民都跑到香港去，那麼香港不是要鬧飢荒了嗎？有的估計得更悲觀一些，說香港政府不久就要放棄九龍。

事實上，在九龍的人不能過海到香港去，而住在香港的人要過九龍來，却是異常的方便。但過來了以後，如果沒有「派司」也不能再回去了。因爲不明白這個緣由，這樣跑到九龍而歸不得的倒有許多人。

因爲九龍和香港的隔絕，僅僅距離八分鐘航程的海岸兩面就起了很大的隔閡。香港方面傳說九龍死了多少人，九龍方面則傳說香港吃了好多顆炸彈。這中間，第五縱隊到處活動，在九龍散佈新界前線軍事失利的空氣，使居民感到異常的恐慌和不安。

第二天起，小艇仔已經禁止在尖沙咀油麻地等碼頭公開過海了。監視封鎖綫的英國兵，提出警告，如果渡海小船再不停止，他們將不客氣的掃射機關槍了。可是警告儘管警告，過海的艇仔還是能夠找到；不過下船的地方換了其他的碼頭，在香港登陸地點不在中環而在西環或者是銅鑼灣而已。這時候過海大多集中在旺角碼頭；一大批過海的木船排在那里，船夫們都在高喊着招攬生意。

白天不斷的警報，日本飛機不停的在新界方面轟炸，九龍，這時候雖然還有公共汽車，但要完成一段路程，至少要上下五六次，因爲才跑了一段路，警報來了，就趕緊下來躲，好久，等警報解除了才開車，可是才跑了一段　警報又響了。因此，搭客就這樣上上落落，跑一段路都那樣不方便，要從九龍偷渡過香港是更困難了。爲了要送一些朋友過海，因此，我有幾次跑到了旺角碼頭。第一天晚上非常順利，僱到了一條艇仔，一些沒有阻礙就偷渡過去了。第二天大早又送了一些朋友過海去，似乎並不見得如何困難，只不過比前昂貴得多了。可是到了這天下午三點多鐘，過海已經比較麻煩了。據船夫說：士兵在海中的封鎖綫上，站了崗，他一看見有船隻過去，就用旗語追令立即退回，不然他就開槍射擊了。現在艇仔仍肯載客過海，但他們預先說明退回來的時候，乘客要付給船費的一半。

據碼頭上看守倉庫的警察說：現在船夫們專做收一半退船錢的生意，一方面他們用不到冒險，另一方面退回來收入一半的總數也着實可觀，因此他依舊招攬客人，反正他總不至虧本。

因爲這樣，在偷渡的旅客方面，想出了一個辦法，就是要船夫「保險」，船費儘可能高一些，但必須要在香港登陸；如果退回來，則一個錢也不給。那時這樣冒險的艇仔，還可以找到。我和另外一些朋友決定在五點鐘偷渡。

四點多鐘的時候，從新界那面傳來的砲聲，已經清晰可聞了，市民們都慌亂的來去，想不出一個更好的辦法，人力車和出租汽車載滿了逃難者，逃往他們自認為比較安全的地方去。要找一部出租汽車已經相當不易了。照眼前的形勢看起來，敵人如果衝過來，最先的目標當然是九龍，香港在地勢上固然是個孤島，目前它還可享有和陸地隔絕的利益：和九龍隔了一條海，它的陷落當在九龍以後。有幾天日子可拖，也不妨拖上幾天：我們抱着這種方針，決定先一步偷渡到香港。

為了多帶一些行李，抵達旺角碼頭的時候，天快黑了。我們一起十幾個人，都是一些年輕力壯的大漢，不料就在這個碼頭上遭到搶劫，同時有兩位朋友受傷。

九龍一帶碼頭上的流氓，素來特別多而厲害，戰爭爆發以後，聽說有一些過海旅客的行李被劫，但我們并不掛在心上，自信我們都是一些年青朋友，人多，力大，不把他們放在眼裏，何況現在不過是戰爭爆發的第二天，政府仍有足夠力量來維持治安呢！誰知一到那個碼頭上，突然像排隊一樣來了一大批流氓，第一個就站在我們行李的旁邊，立刻他俯身拿住了一個包袱，向後一塞，不見了，隨後他又提起一隻箱子，我們中的一個朋友就和他爭奪起來，於是這些流氓羣頓時鬨了上來，他們裝做勸解，却又紛紛伸手亂搶東西。這時候，我們有一部份朋友已經下了船，那個船夫又在急急的催促開行。被搶走了二三件行李後，一個朋友突然叫起痛來，我們才發現他的胸口出血了。這真是萬分焦急的事情：一面是砲聲已經清晰可聞，另一面船隻要立刻起行，可是總還不能瞧着受傷的朋友不管，於是只好讓一部份人先過海，另一部份等到明天清晨再設法偷渡。

在歸途上，又一個朋友發覺他背上出了血，一檢查才知道他也挨了一刀。戰爭的第二天，搶劫事件，在九龍的碼頭上以及冷僻的角落里不斷出現了。我担心這些數目衆多的流氓，會和第五縱隊有什麼勾結。

這一個晚上特別的烏黑。彌敦道上寂靜得可怕。放過了過海的機會，担心明晨是不是有艇仔能夠偷渡，黑暗中搭上了公共汽車，兩圍是暗沉沉的，在咖啡店的門口經過，偶然還瞥見一絲燈光。

當天晚上就下雨了，雨，似乎更加重了周圍陰沉的氛圍。在天還沒有亮的三點多鐘時，我冒着雨跑往旺角碼頭；雨像注一般不停的落下來，全身都濕了。冒着寒冷在黑暗中趕路，時時遇見一二位穿着制服的防護人員匆匆的走過。砲聲隔不一刻轟響一次，轟隆過後，又是死一般的寂靜。

柏油馬路是濘滑的，一個不留心就會摔上一交。沒有警察的崗位，也沒有特別的戒嚴，除了砲聲時時告訴你戰爭在進行中以外，沒有一些戰爭的氣息。忽然間，聽到了飛機的引擎聲音，有着紅綠白三色燈光的「中航」機，在上空掠過，這恐怕是戰爭後第一次看見自己的、飛機吧！

在旺角碼頭，雨還是下得那樣起勁，本來招攬十分起勁的船夫，現在他們簡直無心聽你「過海」「過海」的高叫了。他們只在船艙里面回覆你「沒辦法」，連準備退回原處不是冒險的航行，也懶得跑了。面對着香港的羣山，砲火在黑暗中耀眼的一閃，很久，才聽到轟然的發出聲音來，跟着是破裂的爆炸聲。

局勢是確實嚴重了。新界那面已經有難民過來，那里的一個中國警察，昨晚逃到我們住所的隔壁，他把他的制服手槍一起丟掉了。旺角碼頭上，繼續來了許多過海的客人，他們抱一包帶一件的　行色慌張的準備過海，可是望着對海時斷時續的一閃閃的砲火，冒着不停息的雨珠，却連一些辦法也沒有：「不准通過！」

看起來過海是沒有辦法了。現在只有打算怎樣找一個地方留下來。可是我終究有些不甘心，冒着雨去了戰爭後從未到過的尖沙咀碼頭。這時候已經有渡輪開了，警察用鐵絲網攔住旅客，檢查「派司」。回到領發過海護照的旨年會，那里正擁擠了一大堆人。一個人輕輕的告訴我，他知道有船可以過海，通過的地方是火車站邊的碼頭，不過要先找到人，才可以走得成。

終於給我找到一個人了，他答應有辦法僱船，每條船三十元港幣，到了香港岸上後再全部繳付。走到火車站門前，一個印度看守不准我們通過，塞給他五元錢以後，就裝作看不見的走開了。

到了第二個門口，一個中國巡捕又亂搖着手，五元錢塞到他的手里，他也放手了，反而催促我們「快走」，「給外國人看見了究竟不大好的」。這是知心話；等到慌忙的落了船，空襲解除忽然響起來了。

大砲不停息的響着。幸喜這二天的空襲，市區沒有落彈。敵機時時掠過市空而去，這時四周的高射砲都瞄準着，一朵朵白烟還是在離飛機不遠的地方開了花。我們的艇存正在海中，一搖一搖的向着香港駛去，船中又正坐着兩個流氓 用威嚇的口吻向我們敲榨，原來在岸上招攬生意的不是船夫，而是碼頭上的流氓，他們就隨船過海，一路施行敲榨、碰到警察檢查的時候，他們就立刻塞他幾元錢，於是平安的過去了。

戰爭並沒有改變香港警察的要錢習慣，而流氓就老和警察聯在一起。我們的偷渡，不過化了半個鐘點，可是和流氓的談判，一直沒有停止。這一個平日只要八分鐘的旅程，一角錢一個人的擺渡費，現在這 條船就化了八十元代價。如果依戰前黑市，一元港幣合七元國幣折算，一次八分鐘的過海，就化了五百六十元。

在香港登岸的地方在東區。吐了一口氣，似乎生命已經有了保障一般。香港和九龍的形勢，完全不同，街上的店鋪大多還開了門，公共汽車，電車，也照常的駛着，路上還依舊充滿了熙熙攘攘的行路人，給人以一種平和和安閒。報紙雖然都改出了半張，但，比起沒有消息的九龍來，是已經好得多了。

五　慌亂的退却

我們由九龍偷渡到香港是十號，中間隔了一天，十二號下午，九龍就全部淪陷了。誰都沒有預料到僅僅五天功夫，九龍就全部丟失了。誰也沒有想到準備了好幾年的防綫竟是那樣脆弱！

九龍的淪陷是可悲的。它失敗於部隊欠缺勇敢的自信和第五縱隊的搗亂。這一個狹長的半島上的防禦，一般估計至少可以守上一個時候，不至於那麼短的時期就淪陷的，但，因為準備的不充分，部署的慌亂而遭到了失敗。

要守住這扇形的「新界」，地形上的困難確是相當多：從沙頭角到深圳差不多有一百華里以上，而進攻的敵人數量又遠超過駐軍。那時候，估計防禦新界的英軍，加拿大軍以及印度軍的實力，至少有一萬五千人，以英帝國軍隊的裝備來說，我們是寄予很大希望的。當然，大家明知道守軍是死了一個少去一個，短期內難以增援的。問題是在這個戰爭能夠支持到多久？無疑地，支持時間越久，希望就更大，至少它可以等候中國方面援軍的到來。

「敵人是有廣大後方的」，這也許是孤軍作戰的英軍所受的最大的威脅。從廣州，敵人大批的載來援軍彈藥和給養，而香港則只能運用貯藏的軍火和給養。那些陸續貯藏了好幾年的軍用品，依據官方的報告，香港至少可以支持到半年以上。

猝然爆發的戰爭，使香港陷於劣勢的地位，戰爭一開始，就讓敵人取得了主動。因此，新界的防線一開始就在炮火和俯衝轟炸下向後撤，而敵人則一步進一步的逼近了九龍。

當戰爭進入異常緊張的關頭，香港政府突然想起了被囚已有幾年的我們中國孤軍，發給了槍枝、立刻叫他們上火線。這可以說是香港戰爭中最初的援軍。這一支有五百人的隊伍，曾經在前方進行過無數次的衝鋒；更由於地理的熟悉，作戰的英勇，都使并肩在一起的友軍感到異常的驚佩。由於他們的英勇犧牲，使逐步後撤的防線穩定了一個時候。

當前方正進行着激烈的戰鬥，在九龍市區裏，第五縱隊已經大肆活動了。這些第五縱隊，包括政府中的C級警察全部（香港政府將警察分成ABCD四級，A級英國或法國美國人，B級印度人，C級廣東人，D級山東人），多數的防護人員，以及數目衆多的流氓，他們在香港九龍都具有幾年以上的歷史。敵探在戰前，向來被允許作半公開活動的，所以他們的工作早已有了基礎，這些第五縱隊在政府機關服務的特別多，他們的活動也就特別方便而厲害。

九龍英軍準備全部撤退到香港的時候，戰線還在市區以外，但第五縱隊已經在九龍最高的半島酒店上，扯起太陽旗來，同時用手槍不斷的向下射擊，另一面敵人在荃灣那一線上緊緊的向市區逼近了，在市區外的英軍，忽然發現後路已經給敵人截斷了——因為他們發現了半島酒店屋頂上的太陽旗——在慌亂的狀態下，加拿大軍有一部份作了俘虜。

在鄰近半島酒店的尖沙咀碼頭，本來還駐留了一部英軍，和一部準備在市區裏掩護撤退的印軍。這時英軍大部份給續撤退過海了，當這一小部英軍，發見半島酒店上已經有了敵人時，也就離開了九龍。在担任掩護退卻殿後的印軍通過尖沙嘴碼頭時，這些流氓組成的第五縱隊，就佔領了這一帶，他們獲得了英軍遺留的機關槍，不停的向裝運印軍的輪渡掃射，印軍也在船後架起機關槍向岸上掃射。兩方的機關槍閤閤地掃個不停，實際上，九龍市區內連一個敵兵也未曾來到。

香港守軍大砲開始轟擊九龍倉庫了。砲彈也同時落在尖沙嘴碼頭上。在香港，已經能夠看到九龍倉庫中彈起火，半島酒店上的太陽旗隨風飄揚。

在這前後，正是九龍市民遭到浩劫的時候。無數的流氓，挨家挨戶的搶劫，像搬家一樣，好的物件都給搬走了。有名的舊貨集中地上海街，流氓爲着搶劫方便，四處放火，趕出了屋內的主人。九龍塘，九龍城，彌敦道　太子道，一些有錢人住的洋房裏，首先遭到了光顧，幾乎很少倖免的。流氓就這樣洗劫了整個九龍。

在最後一批印軍撤退九龍過後好半天，九龍已經成了流氓的世界：搶劫，放火，加上香港方面的砲轟。這時候才有日本的四個便衣隊闖入了九龍。他們的大部隊不敢貿然深入這狹長的半島，他們担心道中間也許有什麼花頭。

十二日晚上，敵人便進據了九龍。此後，隔了八分鐘航程的兩岸，就進入了敵對狀態。每天，香港的大砲轟擊着九龍，而九龍的大火　也一直沒有停熄過。那面眞確的消息沒有人知道了，七十萬以上的居民，不知他們怎樣度過這暗無天日的生活！

六　焦急的期待

一個四周環海的海島突然遇到了襲擊，連居民疏散都沒有地方。這房屋密接、擠來擠去全是人口的島上，今天却成了前線。人們依舊和平日那樣擁擠的在街上行走，似乎忘記了隔了八分鐘航路的對岸就是敵人。白天警報簡直用不到解除，飛機總在附近打轉，砲彈已經接連的落在房屋上和馬路中了。

電車經過海軍船塢那一段時，特別的飛速，因爲那裏是敵人不斷轟擊的目標。售票員在臨近海軍船塢的時候，就高聲的喊：「大家當心，要開快車了！」於是急速的駛了過去。坐在上層的電車上，還依舊能夠悠悠然的望見九龍。平日匆匆來回數量衆多的輪渡，這時候一些沒有看見了，海面上是那樣的寂靜，看不見一個艇隻。

九龍失守的晚上，香港是緊張到了極點。十號晚上第一顆砲彈落在香港以後，這一個海島上就不斷的落了砲彈。差不多全[illegible]子佔[illegible]了的市區，每一[illegible]房[illegible]裏都住[illegible]人的，一個彈落在屋子上，總有幾個人碰上彈片而死去。敵人的大砲起先是不斷的轟擊山頂，隨後就無目標的濫轟了。當半山區高山區平日最闊氣的住宅裏的居民，都紛紛搬下山來的時候，市區裏也着了砲彈了。這些砲彈有從兵艦上發來的海軍炮，有從九龍陸地上發來的小鋼砲——陸地上發來的數量佔了多數——噓噓轟轟以及破裂的爆炸聲，停一回，響一回，像瘧疾一樣，不停地發放着。

九龍失陷的晚上，失望和恐慌傳播了整個香港。一個孤島的防禦戰能夠支持多久，這是無法想像的。何況九龍僅僅只守了四五天的時間呢？官方正式的佈告民衆，英軍現已退出九龍，「我軍已退入一鞏固及完備的堡壘內繼續作戰」。就在這個完備的堡壘內住了八十萬以上的人民，他們沒有武器，沒有戰爭常識，但，他們却不得不在雙方的砲火下過生活，和這完備堅強的堡壘共一個命運。

香港和九龍之間的戰爭，就在十二日晚上開始。港方的砲壘確是發揮了充分的威力，一個個砲彈發出去以後，房屋裏的玻璃窗就振盪得響起來了，一次又一次的發砲，轟擊着九龍的敵人和海外的兵艦。

可是敵人已經近在眼前了，現在是怎樣抵禦他偷渡過海，必須在海中擊沉他偷渡 的船隻，才可以保衛這堅強的堡壘，沿海邊一帶已經築起不大牢固的鐵絲網來，幾個水泥築成的碉堡裏，塞滿了機關槍，英國兵，印度兵都在沿海一帶佈防。

香港是整個被包圍了。海外，沒有雄厚的艦隊可以擊退敵人的海軍，陸上，敵人已經佔据了整個九龍，空中，在香港上空活躍的不是英國的飛機，却是敵機在不斷的俯衝轟炸。現在唯一的期望寄托在中國軍隊身上：希望他們立即開到九龍的敵後 來解救香港之圍。

佔香港人口百分之九十以上的是中國人，被困在香港，期待我們自己隊伍的來臨，比什麼都焦急。當九龍失守前夕、香港政府在香港大酒店公報目前的形勢漸趨好轉，華軍正大舉反攻趕援香港的時候 中國人看了都興奮得跳起來，一見面的時候．就互相以這個興奮的新消息相告 隨時有人說起華軍開到了深圳，逼近九龍的興奮消息。

關於華軍「趕援香港」，成爲人們注意的集中點了，大家總先詢問中國軍隊到了那裏，然後再詢問香港有沒有敵人登陸。報紙的渲染也特別的厲害，以不可靠的消息 刺激香港的市民。國民日報上曾經有過這樣自認為確實的消息：說是有人從香港大廈的屋頂，用望遠鏡看到新界的那一個方向 已經開到中國的先頭部隊，拿着青天白日旗逼近九龍了。

與此同樣的宣傳，在報紙上不斷的出現，政府倒不過簡短的說明香港和華軍保持密切的聯系，這正和記載香港戰爭勝利消息一樣的不確實，使市民感到短時期興奮後的空虛。每大在激烈炮火中想起了中國軍隊為什麽不趕快的到來，在發恨的時候 埋怨報紙不應該「車大炮」！

當敵人的炮彈比較稀落的時候，於是有人說：一定是中國軍隊已經到了敵人的背後，所以敵人的大砲都向後射擊；香港的威脅已經減輕了。街市上盛傳着中國飛機猛烈的轟炸九龍，敵人的大砲一定給飛機炸掉了。每個人都在計算報紙上刊載的中國軍隊到達的地點：一回見在深圳，一回見到了沙頭角；從深圳到新界有幾里，從新界到九龍有幾里，於是計算明天中國軍隊一定要抵達尖沙咀碼頭了。

「要是中國軍隊能夠到達九龍，我一定連放鞭砲三天！」

「要是中國軍隊能夠到來，他們要什麼我就給什麼。」

「一看到中國軍隊，我就立刻跟他們走！」

中國人幾乎全部把希望寄托在趕來援救香港的華軍身上，對英軍的防禦似乎已經失却戰爭開始前的信念。這不能錯怪他們，因為九龍的失陷，造成了一般人的悲觀心理，沒有人相信香港能夠支持到好久，而失陷後的恐怖，更緊嚙着每一個人的心。

香港的戰爭，雖然是英國對日本的戰爭 但居民中百分之九十以上却是中國人。這個戰爭似乎又確和中國人沒有什麼關係般，香港政府從沒有考慮到利用廣大的人力來支持這個危難的局面，沒有進行必要的動員工作，人民和軍隊根本還是隔離的。除了中委陳策將軍發過告民衆書以及華人代表有過宣言，請我們同胞支持戰爭外，政府就沒有切實有效的方法，把這龐大的人力加以組織運用。因此，在戰爭中的市民，除了儘可能自管自躲避砲火外，什麼都絲毫不相干了。這樣多的人力沒有被利用，這麼多的力量遭到了忽視，這不能不說是香港政府最大的失算，也是香港所以淪陷得這麼快的原因之一。

「殖民地的主宰者，是不相信殖民地人民的力量的」。我想這樣的話在今天不應該適用於英國，但香港這樣快的淪落，香港政府沒有好好的利用人民力量，這無疑是很大的損失。

七　在香港大酒店

告羅士打大廈和滙豐銀行是香港二個最大的建築物。後者在戰爭一開始以後，政府就徵用作了公用機關，前者因爲建築的鞏固，就成了避砲彈、躲警報的好所在。這是一連有九樓的大廈，在低層的走廊裏作了人民的避難所。

許多從九龍過來的華人，以及近海邊被砲火轟得無法居住的華人，他們都集中在這裏，帶着被頭，背着箱子，將水門汀的走廊全部佔滿了，他們把整個家庭都設在這裏，買一些乾糧度過這砲火連天的日子。

大廈底層的香港大酒店，本來是香港最高貴的旅店之一，必需衣冠整齊的紳士，才有資格跑進這闊氣的大酒店。這裏什麼都比其他酒店貴了幾倍，原因就因爲這個地方是高貴的。平時它是有錢的太太先生們集會的所在！

戰爭一開始，其他酒店飯堂都加價了，可是高貴的香港大酒店却依舊是一律照常，因爲這是避難的好地方。因此，酒店裏擠滿了無數的客人，這些客人大多是不喝茶也不吃晚餐的，他們不過假了這個地方作爲暫時的避難所而已。酒店的旅店部早已給有錢的太太先生們租滿了，連租一塊房間外面的走廊都沒有了空位。在有錢的避難人中間，造成了這樣　種風氣，全香港似乎只有告羅士打大廈是最安全的，那麽住在香港大酒店是最保險了，所以爭先恐後的將所有旅店裏的空隙都租去，準備避過這突然到來的災難！

於是空下來就只有餐廳了。在餐廳裏坐滿了吃茶或者喝咖啡的客人，他們是一天到晚不叫茶房來計數的，從早上坐起一直到第二天早上，晚上就倦屈在椅上打一個瞌睡：這是比較幸運的一種。多數的避難者，因爲來遲了找不到位置，有的坐在水門汀上，倚着餐廳上的柱子，有的就佔住了一個角落，一家人剛坐在一起。

這些避難者包括英國人、美國人，和荷蘭人，他們大多剛由九龍逃過來；一時找不到住處，於是一起先擠到香港酒店去。香港酒店擠滿了人，在窗戶外蒙上了一層黑布的餐廳裏，電燈依舊明亮的照耀着，散發出耀眼的光芒。砲聲炸彈聲[illegible]起來，似乎減少了恐怖」，連聲報的尖叫都不易傳進來，只有當許多人擠到屋內的時候，才知道外面又發生搶劫了。

報紙上一致稱頌過香港酒店的華人司理，因為正當戰爭爆發的時候，酒店的西人司理剛在某地休養，而管理事務的是華人司理，他允許穿得不大整齊的華人避入香港大酒店，他又允許他們在酒店餐廳裏渡過砲戰激烈的長夜。報紙指出這是非常難得的事情。華人司理究竟是中國人，幫助中國人，如果是西人在管理這個大酒店，那麼許多華人都要因為沒有穿得整齊的衣服或沒有錢，而被驅逐出來。

酒店裏還是充滿了穿得華麗的小姐太太們，她們依舊高高的坐在櫈子上，吃着豐富的晚餐，她們還怪這樣菜不好吃，那樣菜又缺乏了味道，伙計們在她們的差遣下，不停地在人叢中穿來穿去，一手端菜，一手推在前面，叫着：「對不起！」「對不起！」

十二日晚上，香港因為九龍失守顯得異常的緊張，砲彈在香港酒店門口落了好幾顆。英國軍隊在門外拿着上了刺刀的步槍，在沙包後面作了「準備放」的姿勢，一回兒，英國偵探忽然檢查酒店裏的客人，有二個馬上給英國兵帶走了。那些剛才埋怨「大菜」味道不好的小姐太太們，這時候她們擠在男人的身邊束束地發抖，有幾個在低低的禱告，叫着：「上帝」。

人多，餐廳裏人聲嘈雜，一個砲彈落在門口，把玻璃窗震碎了，玻璃向四處飛開來，話聲頓時停止了。許多人都伏在地上不敢起來。跟着第二砲又來了，爆炸聲後，玻璃又飛了起來，有的臉上給玻璃劃破了，血不斷的掛下來，有的手上脚上都出了血，血臉血手的人，隨處皆是。沒有人笑，人們都伏在地上，靜聽着裂帛般的爆炸聲。

砲彈向另外方向射發了以後，伏在地上的人才絡續的爬起來。英國警察來查客人們的「派司」，沒有「派司」的就立刻被趕了出去。餐廳空閒得多了。可是那批被趕出的人羣他們多是中國人——在砲火猛轟下，不知道到那裏安頓去了。

中外的新聞記者，大多集中在這裏，互相交換探聽得來的消息。砲火雖然阻礙了出外活動的機會，但，每一遇到暫時停止的時候，大家就迅速的拔脚出去了。許多報紙改出了一小張，主要是本港的戰事新聞 砲火越轟得厲害，有幾個同業越是意外的高興，他們願意在炮火下鑽來鑽去，卻不顧生活過的死一般平靜！

敵人的大部隊還沒有深入到九龍半島，要立刻趁勢過海是不至於這樣快的。不過，香港[illegible]被包圍了，此[illegible]抗戰的局勢將[illegible]困[illegible]，[illegible]和朋友們握一握手預[illegible]着我們還[illegible]夠活[illegible]見。

八　觀戰東山台

東山台是香港東區跑馬地直上的一座小山。由中環經過灣仔，通過灣仔夾道的叉路，沿着軍用柏油路直上，便到了這風景優美的半山區。這裏後面倚着大山，正面對着九龍，大海就在不遠的地方。平日，這裏都是闊氣的住宅區，一幢幢漂亮的洋房，散落在山腰、山巔及半山間。

這裏離市區有幾里路，但，住在這裏的人，在平日是很少走路的：他們每家都有一輛或一輛以上的汽車，可以由底下上山來一直開到家裏。因爲市區裏包括出租汽車及私家汽車都已經徵用了，爲着怕被政府徵用，他們的汽車都停放在自己的汽車間裏。

靠了一個朋友的帮助，我來到了這裏，準備在這裏住上一個時期。起先，沒有估計到這裏的房子是那樣突出，暴露在九龍敵人的前面。但，俗語"既來之，則安之"，反正到處都會落彈，倒懷一樣了還到空襲的危險，於是就住了下來。

這裏的空氣似乎比較安定，好一些的洋房底下，都有自己的地下室，有錢的人就根本不想下山，何必冒着飛來飛去的炮彈和自己的生命開玩笑呢？怕流氓會出來騷擾，於是預先出錢組織了保衛團　夜[illegible]梆，拿着木棍在到處巡邏。據說東山台的保衛團有十多個人，他們本身就是流氓組成的組織，不過現在作了保護富人的保衛團而已。他們在上坡下坡的石級上裝起了木柵欄　在通行汽車的柏油路上，則整天有兩個團員，輪流值班。

上山來的路上，要經過插着白色十字架的萬國公墓，花草和參差的樹木點綴在裏面；公墓裏是冷清清的，看管公墓的人也不知上那裏去了。公墓下面就是跑馬地：一個廣大的草場，安放着賽馬時的跑道。現在，這個曾經萬頭攢動的賽馬場，也是冷落不堪了。雄健的馬匹，精悍的騎士，都不知逃難到什麼地方去了。草場上有時候也停放着許多輛卡車，有時候卻又全部開走了。白色的洋房是那樣孤獨，附近就是香港防空司令部，爲着這，敵機曾經在這裏丟下了幾顆炸彈，把跑馬地裏的草地，挖去了一大塊。鐘樓上的大鐘，還沒有停止，它依舊能夠對這一帶的居民報告正確的時間。

因為從這裏上山的柏油路，是一條軍用公路，它便成了運輸一切給養到山後香港仔前方去的要道。汽車的騷辣聲哭不斷的刺入耳朵。這些汽車，不時載過帶着鋼盔的英國兵和印度兵，有時候是一大車白麵包，一大車沙袋，或者是一滿車的中國苦力。

一個駕駛機器脚踏車的交通員，一天至少要來回四五次，他帶着航空員的帽子，一付大手套，背了一袋公文，飛快的駛過。這樣子是夠威風的。用機器脚踏車來作通訊工具，比起我們內地抗戰艱苦的物質條件，不知要好上多少倍了。支持香港戰爭的差不多全是近代的機械和武器，照理它是應該能夠支持一個較長的時候。

這是一條彎彎曲曲的馬路，轉灣抹角的地方特別多，汽車速度卻又特別的飛速，差不多整天整晚都有汽車通過，沒有出過一次事，這不能不贊美他們技術的高明。晚上，就憑着這些熟練的技術不停地駛來駛去，不會在狹隘的路上相撞、翻車、或駛下了山谷。

近馬路的地方都是樹木，樹木把馬路掩蔽起來了。運輸汽車，靠着它的幫助，不至於暴露目標。晚上，車燈也不准開放，因為洩漏了燈光，很可能招來敵人的砲彈。

我們屋後就是這麼一條軍用路；更沒有預想到除了這個突出的小山，後面所有的山上，幾乎全都是香港守軍的砲台：轟擊九龍那面敵人陣地的大砲，大多是從我們山後砲台發出去的。香港所有的山頭上 幾乎都裝有大砲，最高的太平山大砲，是用機器吊動的，大砲深藏在山中，發放的時候，才將它吊至洞口，然後依舊吊了進去，以免被敵人發現而遭轟。

屋後砲台上每隔一刻鐘發射一次大砲 強烈的震動着整個房子。這面砲台發砲不久，對面陣地的大砲，就向這個方向還擊了，呼呼的砲彈飛過了以後 隨即就是裂帛般的爆炸聲，砲彈落在距離不遠的山腰的岩石上。第一砲落這個地方，第二砲還是這個地方，說不定一連幾砲都落在一個地方。轟完了這一塊地方，砲彈就落在另一塊地方的山石上，於是一連又是幾砲。這樣慢慢的挨過去，漸漸遠離了我們的屋子。

這是相當緊張的一個時期。有時候砲彈爆炸，把泥土和石塊飛進屋裏來，如果敵人的瞄準稍稍斜了一些 那麼，我們這個暴露的屋子，就立刻中彈了。幸喜敵人沒有把我們這一個屋子作爲目標 這個屋子裏的人，就以這樣自慰着。

敵人的砲彈并不大，這也是使這一帶的居民，依舊能夠安居的原因。他們使用的大多是小鋼砲，砲彈才沒比兩磅熱水瓶大了一些，而它的破壞力也并不強。如果砲彈湊巧的落在屋上，碰到四五層的水泥鋼骨建築，最多給它穿了二三層，我們在地下，依舊可以平安無恙。這并不是我們自已安慰自己：就在離我們房子不遠的洋房，一連中了三顆砲彈，它在屋頂上穿了一個洞就爆炸了，躲在地下的人，一個也沒有受傷。

敵方砲轟的時候，多半在白天，時間多在上午九十點鐘，和下午三四點鐘之間；轟擊的時間，最長的有一個鐘頭以上。一到晚上，香港方面的砲火便發揮威力了，轟然的聲音，隔不幾分鐘就是一響。因此，我們這個屋子裏很少有安靜的時候，一聽到「咚」的一聲，知道敵方的大砲，已經向我們這個方向轟擊了，於是趕緊從三樓四樓急急的跑到地下，等到砲聲過後，才回到樓上去，晚上也總要下樓三四次，提心吊胆的連睡覺都不安定。有時候，滿以為這次砲轟已經停止了，不料才回到樓上，又得趕緊跑下來，因為敵方的砲彈又來了。整天整晚都這樣的上上下下，有時連吃飯都沒有時間，很少有安定休息的時候。

白天，從這裏瞭望九龍　沿海邊一帶看不見人影，海中也沒有小艇往來，兒童公園裏依舊放着幾輛來不及撤退過海的汽車——港方的大砲，能夠威脅駐紮九龍的敵兵，他們也不敢暴露自己的目標。九龍的商民，現在要躲避英國方面的大砲了。幾天的相隔，就劃出了淪陷區和自由區，在敵軍統治下的九龍同胞，他們不知在如何過活呢？

一到了晚上，這裏是最好的觀戰場所。敵方的動靜，偷渡時的攻守，這裏是看得清清楚楚的。十二日以後，九龍方面的汽油庫大火，一直沒有熄過，火光籠罩下，依稀分辨得出九龍的房屋來。敵方的大砲，這放在九龍城後的山頭上，一發砲的時候，就看見山後火光一閃一閃，香港的砲彈落在九龍時是一朵很大的火花，落下了很久，才聽到爆炸的聲音。

每一個晚上都是敵人準備渡海的時候，香港守軍嚴密的監視着海面，防守着沿岸。海面上出現了一個艇仔，守軍就立刻掃起機關槍來，同時，砲台的大砲也向海面轟擊，使敵人的船隻迫於砲火而無法渡海。幾次，從銅鑼灣那一面，香港的探照燈明亮的出現了，一條白色的光芒射照在海面，這海面上的動靜，照耀得如同白晝一般。過了一刻，探照燈熄了；不久又亮起來，搜尋潛伏在海面的敵人。

戰爭之夜是值得欣賞的：一閃閃火光不斷的在山間出現，而一朵朵火花又不斷的落在海的對面；九龍的大火遮滿了半邊天空；探照燈白色的光芒像一條長蛇那樣搖擺着　可惜和我們在一起的沒有畫家，不然，他一定能夠得到真確而又動人的戰地速寫。

九 「和平之門」關閉後

在砲彈飛來穿去之下生活着，神經是很少有時間鬆弛的，待雙方砲聲停止了以後，覺到四周分外的安靜，宇宙似乎也在不斷地擴大。

雙方暫時停止戰爭，似乎就只有二個半天。一次在九龍淪陷後的第一天上午，十點鐘的時候，一隻揷着白旗的小艇，從九龍油麻地碼頭向香港方面直駛，起先，守軍用機槍掃射，艇上就亂舞起白旗來，等小艇在香港靠岸了以後，雙方的砲聲就停止了，頭上也沒有俯衝的飛機，這一個上午是安靜的；那時正是敵方要挾着港督私人秘書李氏夫人，一起勸誘香港投降的時候。到小艇再次回返到九龍不久，砲戰立刻又開始了，這是敵人誘惑港督投降的第一次，由政府正式公報告知了市民。第二次是一個下午，時間在第一次誘和後幾天，揷着白旗的小艇，又從油麻地碼頭向香港方面直駛過來，小艇過海了以後，雙方砲聲又停止了，一直到晚上港督拒絕了投降，又發生了砲戰。

那時候香港的態度，依舊十分強硬，港督楊慕琦爵士曾經警告過敵方，如果再有「和平使者」過海來，香港將不客氣的射擊了。「和平之門」就這樣緊緊的關閉了。戰爭一直繼續到敵人在香港登陸後幾天為止。

局勢越來越嚴重，敵方的大砲和轟炸集中在銅鑼灣一帶，飛機整天不離香港上空，在黑暗衡大的區域裏轉來轉去。銅鑼灣的汽油庫發生大火了，敵方的砲彈和炸彈還是不停地落在這一帶，炸彈聲和砲彈聲多得難以分辨出來，爆炸聲幾乎震破人的耳膜。

銅鑼灣大火的地方，從東山台看過去是異常的清楚，看見的已經不僅是火光了，劈劈拍拍的木材爆裂聲隨風吹過來，火勢隨着風向不斷的擴大，晚上，整個東區的房屋，都在火光下映照過來。清晰的機關槍聲，這時候不停的響着，回聲使山谷間起了共鳴。

就在這樣的夜晚，在火光下，敵人大批的渡過了海。猛烈的砲火和轟炸，使香港守軍無法在沿海邊立住脚跟，漫天黑烟籠罩住海面，香港的駐軍失去了目標，筲箕灣和九龍距離最近的地方，敵人已經從那裏過海登陸，由那裏逐步向銅鑼灣推進。

這時候機關槍替代了大砲，滿山谷都響着清晰的「閣」「閣」「閣」聲，香港砲台上的大砲，已經轟不到逼近過來的敵人了。孤島的保衛戰從此進入了巷戰階段。

九龍方面的砲彈，可還是不停的飛過來：中環，灣仔，各處的街市上，已經落下了許多顆砲彈，這沒無目標的轟擊，使每個人惴惴於什麼時候砲彈會落到頭上。市區裏的電車全部停駛了，公共汽車作了軍用卡車，沿東山台下山至灣仔夾道的軍用路上，已經中了許多顆砲彈。電燈柱子被打斷了，燈泡玻璃碎屑散滿在地上，樹木橫倒在馬路邊。一個包裹不知誰遺忘在那裏，遍地上可以檢到的東西都沒有人要了。隔了不遠的萬國公墓門口，一個才幾個月的嬰孩，被丟在四周無人的草地上，孩子的小眼睛張開着，兩隻手向空抓着拳頭，他沒有哭，他在傻看着天。這本來是條整天來往軍用車的路上，現在卻很久才有一輛從身邊擦過。呼呼的砲彈，不停的在頭上飛過，爆裂聲跟着響起來。一個英國兵推着一輛沒有汽油的機器腳踏車，從山上下來，他慢慢的走着，看着正在燃燒的汽油庫，忽然，他用勁的將車子向路外一推，立刻，車子便落到山谷裏去了，發出「彭」的一響，他向下仔細的看了看，將一整背上的槍，拖着遲緩的步伐，慢慢的向山下去了。

十　買米和領飯

在這一個島上，現在是任何一處都可以中彈了。逃來逃去反正逃不出這一個範圍，有錢的，平日生活優裕的寓公，這時候他們最忙碌，在山頂上住，覺得砲彈不斷的轟在山上，太危險了，到了山下又覺到不安寧；有人說：「西環砲轟得很厲害」，於是就搬到中環，可是中環老受敵機的轟炸，於是立刻去到東區了，誰知道東區砲火也是同樣的猛烈，於是只能隨便住下來了，托菩薩的福，或者是只有祈禱上帝保佑他們的安全。

平常沒有錢的人，在砲火下，他們還得出來謀生活，要是砲彈落在附近，他們就隨便在那個房屋下蹲下來，假如落在較遠的地方，那麼他們就根本不理會，一樣的來回做一些小買賣，靠着這樣他們才不至於餓死。

十一日晚上和十二日這二天裏，有二萬多人陸續由香港偷渡去了九龍，他們大部份是香港的流氓以及碼頭上的苦力，這些人是準備去九龍發横財的。在英國軍隊已經撤退，敵人向未到來的一個時期裏，他們拚命的四處洗劫，在淩亂、慌張下，他們便發了横財！

可是香港的窮人太多了，僅是香港島上就有八十萬以上的人口，最大部份都是靠每天收入來活命的，一旦發生了戰爭，平日職業都被砲火轟掉了，這一大批人的生活，怎樣解決呢？這是很大的問題，因爲儘管軍事上得到了很大的勝利，如果不能設法使後方安全，一切還是沒有辦法的 搶刼，騷擾，搗亂，都是戰時不能忽略的事情，這一點，香港政府在戰前倒的確是預先準備了的。

「糧食」是這近一百萬人最大的事件，在這一個沒有生產只有消耗的孤島上，現在只有靠存糧來維持了，這是最先引起市民恐慌的事情。戰爭才爆發了一天，市上立刻就沒有米賣了，米店都關上了門，貼着「白米沽淸」的條子。政府派出了警察，發出限制米店一律不准漲價的命令，規定政府將分派白米給各個米號，以限定每人數量購買的辦法來安定人心。

米價的黑市，已經增加到和官價相差二倍以上。政府規定一元錢能買到白米七斤，黑市裏則僅能買到一元錢二斤，因爲購買的人實在太多了，米店沒有辦法來應付這無窮盡的客人；同時，政府的官米又很少能夠送到，米店却把門緊緊關上了，這就有了指定地方，由政府直接發賣官米給平民的辦法。

儘管黑市的米價不斷的漲，可是一切能夠買到的粮食，都給人買走了，現在市面上只要有能夠替代粮食的東西，包括麵粉，麥片，麥子……什麼都給人搜買一空，不計較價錢，只要能夠搶買到東西；於是食品店，麵包店的門口，又都陸續貼出了「貨物全部沽清」的條子。

沒有辦法買到粮食的，留下來一條路，就只有去「擠」官米了，在灣仔，購買官米的地方在東方大戲院，天還沒有亮，鐵門口已經擠滿買米的羣衆，他們挽着袋，帶着籮，拚命的擠，亂鬨鬨的一大堆，可是那時候戲院裏冷清清的看不見有一個賣米的人。

也不知道應該怎樣排隊依次序，人，就是那樣擠着。整條馬路都給買米的人們擠滿了，過了規定賣米的時間，却依舊看不見賣米的人。

警報響了，敵機在附近丟下了炸彈，這成千成萬的飢餓羣，他們連動都沒有動，因為稍稍移動一下，後面的人馬上擠上來，替代你的位置，因為脚沒有地方放，人就可以脚不着地被擠得臨空站起來，鞋子被擠掉了，不管它，人被擠得發痛了，不管它，汗流滿一臉了，不管它，惟一的希望就是能夠買到一元錢米，來塡飽肚子，帶回去養活了一家人！

這的確是相當悽慘的，在買米就要開始的時候，裝來了一大卡車中國和印度的警察，一個英國人帶着隊伍，他們一下車以後，立刻在皮鞘上抽起刺刀來，又馬上分散向這龐大的飢餓羣走了過來，刺刀就那樣在人叢中亂搖亂晃，一面喊着「走」！「走」！小孩子被擠倒了，年邁的被摔在地上，人就在他身上踐踏了過去，慌亂的奔跑，使人與人傾軋起來，滿地都是鞋子和米籮，一直把人驅逐到離開戲院很遠才停止；問一聲：「這是爲什麼呀？」據說這是「維持秩序。」

刺刀維持了秩序後，應該開始賣米了吧？可是還沒有。警察在四周用槍刺圍起來其中幾個拿着皮鞭指揮羣衆，必需要一個接一個的排隊，稍有一些不入眼，立刻皮鞭就猛烈抽下來了；人的行列一直排過了二三條很長的馬路，是一條無尾的長蛇向四周漫延過去。僅僅賣了幾個鐘頭，說是賣米時間已經過去了，這樣最多只賣到四分之一的人，戲院的鐵門又重新拉上了。

這是出錢買米的一個鏡頭，這些買米的究竟還能夠拿出一塊錢來，更有一些連一塊錢都沒有辦法拿出來的，他們都等候在平民飯堂的門口。這些平民飯堂，在戰前香港政府就已經準備了的，無數個大鍋子，無數個大灶，連厨子都曾經登報招請過，戰爭一爆發，這種平民飯堂就立刻開幕了。平民飯堂的辦法，是規定施飯時間，到了那個時候，只要等候在那裏的人，都可以領到一大勺白米飯和一勺菜，足夠一個人飽食一餐，領飯的人數，隨着戰爭的延長一天天增加，在灣沚的食堂，每天有一萬以上的平民得到了這樣的飯菜。

這不能不贊美香港政府的賢明措施，有了這樣的飯堂，曾經使無數萬的平民，得到了活命的機會。

平民飯堂的秩序，但平比購買官米的地方要好了一些，他們雖然要等候很久的時間，但結果總能夠拿到一勺飯，因此，他們都先後的坐在地上，靜靜的候着輪到自己。

敵人就是那樣無恥而殘忍的，正在一天早上施飯的時候，在九龍，他們發現了這面有這麼長的人羣，大砲彈不斷的向灣沚平民飯堂的方向轟過來，第一彈落下來就炸死了幾個人，血肉隨着塵埃一起飛起來，可是這些領飯的平民，僅僅是騷亂了一陣，依舊站住自己的位置不動，跟着，第二彈又落下來了，砲彈將飯鍋連白飯一起轟掉了，又有幾個流着血倒在地上不起來，這樣，接連的砲彈丟落在這裏，領飯的平民和厨司們才慌張的逃開。

飯堂的鍋灶，都被砲彈轟得四分五裂了，這擁有一萬以上平民的食堂，他們靠着活命的場所，就這樣給殘忍的敵人破壞了。以後，因爲砲火的猛烈，灣沚的平民飯堂沒有重新恢復過，靠着領飯過活的平民，眞不能想像　他們怎樣渡過這一連串長的日子！

十一　飢餓的平民

東區從筲箕灣敵人登陸了以後，已經是巷戰的場所了，一些喜歡誇大的報紙，包括星島日報，華僑日報等，這時候還在推諉說登陸的敵人已經被殲滅——事實上，敵人的援軍，正源源不斷的由九龍裝過來。英方的巡警，已經在馬路上四出逃避了，異常響的炮聲，帶來了恐怖。滿天的黑烟，籠罩住銅鑼灣。

一個穿黃色長衫的中國人，在跑馬地附近走路，英國兵突然向他開了一槍，原來是以為穿黃色制服的敵人，已經滲透到英軍的後方了。馬路上架起了機關槍，在晚上，一發見對面有了人影，英國兵立刻無目標的掃起機關槍來，作戰的不沉着，香港的防禦戰，恐怕很難維持到多久了。

可是沒有作戰的時候，香港一定準備守上一個時期的，因為只有這樣，才能夠等待援軍的到來，這可以由香港貯存的糧食軍火等地方看出來。就在銅鑼灣附近地方的軍用倉庫裏，堆足了無數萬包的白米，和堆得像山一樣的罐頭牛肉，這些，都是準備留給軍隊作戰時用的。軍用罐頭牛肉的製造，一定經過很長的時期了，陸續的製造，陸續的貯存，到戰事發生時才拿出來應用。

可是這樣多的米糧和食品，并沒有到動用的時候，英軍已經撤退這一帶防綫了，沒有時間來搶運，也沒有時間來破壞；因爲撤退得是那樣匆促，這些東西就丟落在敵人那面。這是一個很大的倉庫，如果拿這個倉庫裏的米糧，分配給平民，那不知能够塡飽了多少人的肚子；可是，現在卻落在敵人手裏。

一些肚子餓的慌的平民們，他們就冒着砲火，一個個鑽入到倉庫裏去了，這些跑入倉庫裏去搶糧食的，包括各色各樣的平民，他們有做工的，有做小販的，有商店裏的職員，紛紛跑到砲火連天的地方；那時候日本軍隊還沒有留意到貯藏這樣多東西的倉庫，於是二個人拖着一袋米，一個人背了一大箱牛肉，他們都陸續的出來了。

等到第一批的搶到了東西，第二次轉身再去的時候，搶東西的隊伍是格外加長了。因爲牛肉罐頭堆積得太高，而偷東西的又是那樣慌亂，幾個心急的就在底下挖起來，這樣將上面的罐頭搖動了，一霎間大批的罐頭倒下來，三個人就這樣給罐頭牛肉壓死。

這時候，敵人已經發現無數個人在這面倉庫裏搬運東西，立刻有一個哨兵到門口站起崗來，起先，胡亂的放了一陣槍，將這些搬運東西的嚇跑了，於是那個哨兵就在附近踱來踱去；可是只要等敵人一轉背，原先沒有走，躲在附近的平民們，就飛速的穿入到倉庫裏，然後第一個就拖了一袋米出來，才出門口，已經被敵人發現了，立刻一槍，將那拖米袋的平民擊斃，於是敵人轉過背去；躲在旁邊的第二個又立刻穿了出去，使勁的將這包米向外拖；敵人轉過背來，一槍，又將第二個擊斃了；這時候，這一包米已經拖到馬路中，第三個不管敵人的射擊，又竄了出去：終於以二個人的死亡，這一包米拖到馬路這一面來了。

儘管敵人在射擊，可是始終趕不走搶白米和牛肉的平民　打死了一個連看一眼都沒有時間，又鑽入了倉庫裏；拖到半路就被打死的，沒有死的就竄過去接了他搶出來的東西。敵人弄得沒有辦法了，就在倉庫門口架起機關槍來，一看見預備竄入倉庫的平民，就掃射密集的機關槍，以不停的掃射，守住了這躺滿死屍的倉庫大門。

這時候，無數包的白米，已經在街上叫賣了，罐頭牛肉一聽聽的隨處皆是，到處都充滿了沒有招牌紙的軍用牛肉，他們用生命換來的東西卻以很低的價錢出賣給他人，牛肉每罐最先標價是一元八角，可是貨物不斷的湧到，市價竟跌落到每罐六角。

靠了他們拚命的搶刼，東區這一帶的市民，都買到了便宜牛肉，有許多家買到了比較便宜的白米，在鬧粮食恐慌的時候，他們的確救活了一些人，此後，這些平民又搶了沒有人看守的英美烟公司大堆棧，白錫包 黃錫包，海軍牌，強盜牌香烟，一時充滿了市面。

十二　砲彈插曲

因爲砲彈的亂飛，曾經出了一些笑話，有幾個人正在一個室內辦公，突然，一砲飛過來，穿過了南面的牆，一直飛向北面的牆，又穿通了北面的牆，飛出去了。這一個不速之客竟來作這樣一次嚇人的短期拜訪，等辦公的人丟去筆桿的時候，不速之客早已完畢它的拜訪日程了。於是，看着南北兩面的砲洞，相互的發楞。

另外有一個朋友，一清早他還睡在床上，突然，附近一個很響的爆裂聲把他驚醒了，他才睜開眼睛，看見一朵很大的火花落了下來，跟着是一個使他頭腦震昏的爆炸聲，他以爲這一下可眞的完了，許多塊堅硬的東西和塵埃一起，都打在他的身上，他輕輕的舉起左手，左手還能動，他又搖搖右手，右手也并沒有壞，他用手指去了臉上的塵埃，摸到眼睛，鼻子，嘴巴，耳朵，都依舊存在，這時候，他忽然發瘋一般跳起來了。原來他一些都沒有受傷，他抬頭看一看屋頂，屋頂上是一個大洞，磚瓦木片散滿了各處，可是彈片卻一塊都找不到，不知道都飛到什麼地方去了。

十三　防空洞

「如果香港沒有在戰前建築好完固的防空洞，這一次戰爭中不知要在死多少人呢？」一個朋友對我說過了這樣的話。

香港的防空洞，的確是偉大的。它穿過了雞籠山，由這面穿到那一面，洞口都依次序編了號碼，當一個初次走入防空洞的人，假如要找某　個洞口的話，他是一定沒有辦法找到的，因為一進入山洞以後，左右前後都是一條條相彷彿的通道，他會在這樣的狀態下，迷失路途！

防空洞的建築，差不多化了幾年的時間，四周都用水泥澆平，一個個通空氣的鐵管，插隔在兩邊，大通風機用馬達發動，在不停地轉動，使新鮮空氣能夠不斷的流進來，已經裝好了電燈，晚上，一盞盞燈光在洞中亮起來，照耀着這有着數不清洞口的大山洞。

要看山的大小，才能決定整個防空洞能夠容納多少人。跑馬地的防空洞，只少可以容納四五萬人，洞口的號碼，從七十號起，一直到一百二十號以上，這裏面曾經住過無數萬的避難者，包括男女，老幼，成爲一個龐大無邊的大家庭。

當大砲和炸彈，不停地轟擊東區的時候，當巷戰在附近激烈進行的時候，稍稍有辦法能夠維持幾天生活的人，他們都躲到防空洞了，背着帆布床，木板或椅子，紛紛的在洞里找到一塊地方，安頓下來以後，人就一直坐在那裏，不再出來。

胆小的，坐在最裏面的地方，比較胆大的就坐在洞口，在裏面，因爲人實在太多了，空氣是那樣汚濁，一陣令人作嘔的臭味，只向鼻子裏鑽，但，就在這樣地方，舖板，布床，椅子，席子，安排得沒有一些空隙，人們多用手帕把鼻子嘴巴一起蒙住，或者乾脆不管一切蓋上毯子，整天整夜睡覺，他們有的是八日戰爭開始那一天就「入洞」的，一個星期，十天，他們都沒有回家，吃飯、睡覺、一切生活就都在洞裏。

這裏防空洞不像內地，警報來了以後，才擠滿了人，警報解除了，人就立刻跑空了。在香港，整天砲戰空襲下，戰爭後幾天，連警報都懶得再放了，住在洞裏的人口，是很少流動的，他們把家裏最貴重的東西，一箱箱，一包包都帶到了洞裏•除了出洞購買吃的東西，或者大早回家煮了一次飯外，此後就不再出去了，讓炸彈，大砲在洞外轟着。

白天里大砲炸彈在洞外轟，人們就坐在自己的包裹上 看看書、談談天，帶着布床和木板的，他們都比較舒服，因爲他們已經有一個地方能夠躺下了。在這裏，寂寞倒并不覺得，因爲，左右前後面對各色各樣的人羣，一天裏所發生的事件，都已經足夠解决你的無聊了，誰都是帶着不能焦急的心，才來到防空洞的，這樣，一整天，一整晚，倒也過的相當迅速。

人，實在是太擠了，特別在晚上的時候，七點鐘，防護人員關閉了洞門以後，人就不能自由往來。這樣一直要到隔天的清晨。睡覺的辦法，大多就是倚着水泥的牆壁，坐在水泥的地上，馬馬虎虎打個瞌睡就算了，能夠將兩腿伸伸直，算是最舒適的享受。因爲一到了晚上，連留出來走路的行人道也全都給人睡滿•脚稍稍伸一伸，立刻有人叫：「喂！這是我的身體」！如果要大小便的話，由洞口跑到洞中間，來回至少一個鐘頭。在暗幽的燈光下，你只能一面走，一面喊：「對不起！」「對不起！」一個不小心，你就會踏着人的頭顱或者肚子上，雖然你一百個小心，可是你還得闖了一二次禍，受到被你踐踏朋友並不厲害的責難！

在家裏生活過得舒適的，他們起先一二天整晚的不能睡覺，因爲周圍彼起此伏的鼾聲，已經是夠擾人清夢了，可是時間長久一些也會慣了的，在疲倦萬分的時候，什麼地方一樣的會睡去，這正和在洞中心空氣汚濁不堪的情形一樣。起先，一跑進這裏，就馬上覺得難受，簡直要作嘔，可是過了一些時候，就聞慣這種作嘔的臭氣了，也就幷不覺得特別的難受。據住在裏面很久的人說：「你要活命的時候，什麼事情都能夠忍受，何況這樣一些臭氣！」也許還是有理由的。

「吃」和「飲」：是防空洞裏幾萬人最大的問題，大部份人解決的辦法，完全依靠販賣食品的小販，這些爲着想賺一些錢的小販們，他們冒着猛烈的砲火，在中環，或者在相隔有幾里的地方，買了食品來，然後以一倍或二倍的價錢，賣給躲在防空洞裏的人們，他們說明這些東西，的確比他販來的地方貴了一倍或二倍，可是他們說：「這是拼命換來的！」中彈片而死去的，最多是在行路的人，所以小販和苦力在這次戰爭中死得特別多。

他們販賣的東西，多是可以充飢的食品，其次是飲料和罐頭　食物包括：飯、白粥、麵包、粽子、餅干、饅頭和餅……飲料是汽水、牛奶、可可、茶和水，罐頭食物則最普通的就

[illegible]來的[illegible]用牛肉，其次[illegible]沙丁[illegible]，[illegible]有[illegible]乳、[illegible]瓜、竹筍等。這些，都是店[illegible]的存貨。經過小販的擔販，然後再來防空洞出賣的。

事實上在砲火連天的情形下，買賣的地方只有防空洞了，也只有這麼多人的地方，才能消耗掉大批東西，小販們的數量太多了，這些包括女人孩子，在平日多沒有做過生意的，爲着怕挨餓，他們才冒着砲火的危險來回奔波，也感謝他們的奔跑，這無數萬人的生活，才能在洞裏解決！

有許多本來是住在附近的，他們解決吃的辦法，是一大早就出洞回家，急急忙忙的燒飯・因爲早上砲聲疏落，等到燒熟了飯，帶着幾個熱水瓶的開水，他們回來了，這樣，就以一鍋煮熟的飯，支持了一整天。也有在洞門口搭起一個小小的灶，買一些搶來的米，就在那裏燒飯，不過這種比較少。有女傭人的主人，他們依舊是一日兩餐，茶水也不愁缺乏，因爲這些都由傭人們在砲火下去張羅的。

最感困難的是飲料問題 起先，還能夠在門口買到茶和洗臉水，後來，因爲自來水管跟着電燈廠炸壞也被炸破了，這樣就斷絕了來源。人，往往就是這樣的，越沒有水喝，就越需喝水，那時候，一個熱水瓶的開水，可以賣到五元港幣。我看見一位有孩子的年青爹爹，在猶豫了一下後，總於掏出錢來買了，他說：「沒有辦法：孩子要喝！」

這時候，已經開始吃井水，這種水在平日，是用於抽水馬桶的，現在是只有借它來解渴了，連拿到一些井水都比較困難，很多人拿着空杯子，整天在想喝水而找不到水喝。

自然，汽水和牛奶，生意大好了，可是，這些早已被人囤積起來，他們並不預備做買賣，不過爲解決自己飲料的問題多囤積幾瓶而已，汽水，牛奶，就被這樣的小囤戶買完了，於是留下來的就只有忍耐。

幸喜斷水的時間，僅僅只有二三天，每個人都還能找到一些液體或流質的東西來喝，大家生怕這個戰爭會繼續多久，那時候，吃的，喝的，什麼都有了問題，爲着這樣，我和一個朋友一起買了近三十聽的軍用牛肉，準備在沒有食品可以買到充飢的時候，作爲飯吃。

衣服可以丟，一切東西可以丟，可是吃的東西是不能丟的，因爲這樣你才能夠避免砲彈的轟擊，繼續生活下去！

十四　一零三號防空洞裡

這一個龐大的家庭——防空洞裏，住着各色各樣的人物，靠近在一起的日子久了，彼此熟悉起來，大家親密地作爲鄰居，一起共着患難。

僅僅是一二天的時間　彼此就會成功一個很好的朋友，互相照應着，互相關懷着，這也許是戰爭中才如此的，因爲當砲彈炸彈轟得緊的時候，大家的命運都是相同的。

大家都把自己住的洞口號碼記熟了，我們住的是一〇三號。假如這時候有人問起我們住在那裏．我們立刻回答：「防空洞一〇三！」

一〇三號洞裏的朋友，最多數人都沒有估計到戰爭這樣快的到來　香港本來是一個內地到南洋或回上海的必經碼頭，有許多要回內地以及要到上海去的旅客，他們也都被關在這裏，他們是恰巧遭遇到這海島上的戰爭，深深的怪着自己的命運　從老遠老遠的地方，特地來趕上這激烈的戰爭。

他們的懊惱聲是不斷的，有的怪自己爲什麼不趕快一步，有的因爲想在香港玩一個痛快再走，結果碰上了戰爭，他們最耽心的是這個戰爭不知要延長到什麼時候：如果日子久了，他們的旅費用盡了，將怎樣生活下去呢？

更有一批更懊惱的旅客，他們本已搭趁輪船離開香港了，到了快進吳淞口的時候，輪船忽然從新掉頭又向香港倒駛回來，起先他們說：「我們不相信輪船會倒駛，但，等事實證明的時候，早已沒有辦法了！」於是他們咒罵那些船上的船員，船主，「他們雖然接到香港電報，要立刻駛回，但，總應該在已經快抵達上海時，將上海的客人用小艇裝進口，可是，船上的人就那麼死板，那樣死呆！」這樣，依舊叫他們回到香港，碰上這倒霉的戰爭。

還有一批從天津來的旅客，他們的故事是太笑話了。他們原來的目的地在上海，有一個煤礦工程師，從天津帶了他的姪女兒，準備回上海參加他兒子的婚禮，可是英國的輪船就這樣直駛，經過上海卻一直未停留，將他們一直載到人地生疏的香港，他們袋裏帶的是一些淪陷區用的敵方軍用票，和僞準備銀行的鈔票，可是香港用的是港幣，可以說在香港登岸的時候，他們連一角錢的港幣都沒有，輪船丟了他們以後，便什麼都不理會的駛走了，這沒有港幣，又沒有親戚朋友的旅客，要他們去找誰呢？

戰爭就是這樣：將平日的一切生活習慣，什麼全改變了，有許多事情簡直連想也沒有想過的，這位年老的工程師和他的姪女，到達的第二天，香港就爆發戰爭了，幸喜碰到了一家好心的避難者，他們就帶他們在一起，這樣才暫時解決了他們的生活問題。

幾乎，每個人都有一篇逃難的經歷，而又都是各不相同的，撇開了洞外的飛機大砲，相見間就這樣的談着。白天，因爲多了一些臨時的避難者，他們大多就蹲着或站在洞門口，將洞口的光線，全給塞沒了，於是：「蹲下來！」「蹲下來！」的喊聲，就從洞裏一直喊到了洞外。

洞口是小販的集中地，貨物都一堆堆的排列在那裏，有時候偶然也能買到一些巧克力和其他糖菓，花生米一到的時候，馬上就被人搶完，悶在洞裏太久了，人們就常出洞口來呼吸一些新鮮空氣。

可是，砲彈總不能使你站在洞外有多久的時候，一刻兒又在頭上呼呼的響起來，於是只能退回到洞裏去，一些年老的，他們根本就不隨便走動，連洞外都很少出去，他們已經習慣了安心的坐着。

時常有一個和二個被彈片傷了的人，抬進到洞裏來，他們淌着血，一路呻吟着，進了防空洞裏的救傷站。一個晚上，一個病死了的人，從裏面一直拖出來，於是在死人拖過的水門汀上，睡在上面的人們就起了嚕囌以至睡不着覺，一個女人剛出洞門，忽然，一個砲彈飛過她的頭上，突然嚇了一跳，她就倒在地上不再醒過來了，一個男人，——是她的親人吧?!捧着她的屍體，眼淚不斷的滴着，可是過一刻，他不管女人的尸體就偷偷的走了，也許是他出不起錢購買棺材的原因。這一個女人的尸體，躺在防空洞外有三四天，最後，恐怕它發臭，由防空洞裏的居民出錢，才將它搬走。

垃圾堆裏丟了二個死了的小孩，當巷戰正激烈的時候，地上發現了許多沒有人拾的防護人員用的鋼盔，敵人已經逼近了跑馬地，一個報紙還在作這樣俏皮的閒話說：「香港登陸需要移民證的，為什麼日本人就這樣不顧法律，沒有辦理入境的手續，就在香港擅自登陸呢?」

十五　「謠言！」「謠言！」

敵人從鰂魚涌那面來，現在已經快到跑馬地了，住在防空洞裏，不曉得外面的情勢究竟怎樣，敵人是不是已經衝了過來。

防空洞上面山頂上，裝有一門大砲，當敵方沒有發砲的時候，上面的砲台，就一砲一砲轟了出去，也不知道砲彈落在那個方向，轟的一聲，防空洞裏就似乎輕輕的有些震動。

敵人快逼近的時候，落在山上砲台的砲彈特別多，有時有四五個炮彈，同時落在山上，發出一連串的爆炸聲，這是敵方的排砲，在轟擊這面的砲台。

這樣時候，多半在夜半，因為爆裂的聲音太響，把一些住在洞門口的人都嚇得跳起來了，偃臥的向裏面直鑽，而睡在裏面地上的人，又都睡着沒有起來，於是鬧得天翻地覆。

機關槍聲已經在洞門口聽到了，這時候，謠言也特別的厲害，這些謠言的來源，多半出日看守洞門的防護人員，他們常常報告一些不可相信的消息。

這些防護團員，一部份是跑馬地的馬夫，一部份是平日就閒着沒有事做的流氓。再有一部份是中國當局臨時組成的，這是比較可靠，他們每天可拿到港幣二元，他們的工作就是維持防空洞裏的秩序，使洞口不致阻塞，而當飛機來的時候，將閒在洞門口的人，都趕入到裏面。

一方面敵人逐漸的迫近了，洞裏這無數萬毫無抵抗力量的羔羊怎麼辦呢？另一方面傳說大批流氓要洗劫這個防空洞，因爲他們知道這個防空洞裏有這麼多的人，裏面一定有大部份帶着自己所認爲貴重的東西。

如果要洗刼防空洞，那是十分可能的，只要他們來了一批人，把所有的洞門都守起來，不准任何人往來，同時拿着武器，依次序一個一個的搶過去，反正你逃不出這個洞口，跑來跑去總是這一塊地方。

大家就心流氓的來臨了，貴重細小的東西紛紛在自己坐位附近藏起來，鈔票也都分別的安放好，以防即使來搶的時候，只要給流氓看見的，他要什麼，就給他什麼，不給予絲毫的抵抗。

事實上這種時候抵抗只會使自己陷於不利的地位，地方狹，人多，你不能斷定那個就是搶犯或強盜；即使你明明看到這個是搶犯，他手裏有的是武器，你有什麼本領以空手和他相拼呢？

這些看守洞口的防護人員就第一個靠不住，他們說不定就是來搶東西的強盜兄弟，說不定他正準備內應來一起動手。

那些日子大約在廿二日，廿三日到廿四日。洞外不遠的馬路上，機關槍子彈已經橫飛了，巷戰在附近激烈的進行，時常有回家煮飯的女傭，給子彈打中流着血又回轉防空洞來。做買賣的小販也減少了，住在防空洞裏的人沒有誰再敢出去，因此如果來一次洗劫的話，那只有將所有的東西送給他們。

就心了好久，幸運的，是並沒有來。此後倒是一隊英國兵進入防空洞休息的時候，嚇壞了一些人。

因為這裏前面就是巷戰的前綫，有一小隊英國兵，他們來這裏暫時休息，當他們剛剛到來的時候，洞口的人就立刻逃進來，他們以為日本人到了，那一小隊英兵大約有八九個，都背着槍，就坐下來。一個拿出一把梳，很艱難的梳着頭髮，大約他已經很久沒有梳了，頭上的塵埃不停的落下來，一個把槍交給旁邊的人，他自己就脫着衣服；一個從袋裏掏出一瓶酒，張着嘴大口的灌下去，幾個則躺在地上，一直沒有起來。

他們還時常爽朗的笑着。囘兒站起來走了，一出洞口就上起刺刀，過了一條馬路，已經背走了過去，他們又到前方去了。

馬路邊，人行道上砌成的石塊，都算作沙包，英國兵和印度兵在這一面露出了一頂鋼盔眼睛監視着不遠的地方，機關槍就清晰的叫着。

英國兵出去了以後，馬上有人傳說，不久防空洞口要架起機關槍，防空洞一定會改做戰壕，於是英國兵就躲到這裏來。

跟着傳說又來了：說如果英國兵躲到了這裏，敵人一定會用機關槍向洞裏掃射的，於是住在洞口的就遭殃了，聽到了這話，即刻有人搬家，他們都搬到空氣令人作嘔的裏面去。

有人想出了好辦法：他寫了許多張紙條：「華人避難室，」「華人防空洞」貼在每一個洞門口，据他說這樣即使日本人來了，也可以分辨得清，不至於亂濫的掃射機關槍。

廿四日的晚上，巷戰進行得更激烈，這一面放了一排子彈，跟着那面也回了一排，幾乎全部是機關槍了。步槍聲是聽不到的，擲彈筒的聲音，小鋼炮的聲音，一回兒在柏油馬路上駛過聲音很響的坦克也在附近出現了，這許多種類的砲彈、子彈就都在離洞口不遠的地方飛舞，隔一條馬路的對面就是巷戰的戰場。

一個在半山洞口的避難者，他不經意的抽了一枝烟，立刻一陣密集的機關槍向那個洞口掃射了，因為來不及逃避，有十幾個人中了彈。這個消息傳到了其他洞口的時候，有時有人偶然的開一次電筒，就立刻遭到了無數個聲音的咒罵。

洞裏，空氣緊張到了極點，要和平日一樣安穩的睡去是不可能的，有人傳過來的消息：隔鄰我們兩個洞口，已經有日本兵了。因為二個日本兵受了傷，他被他們同伴抬進防空洞裏，防護人員立刻給他包紮，日本兵叫他們不要聲張，因為這時候英國兵就在很近，他們怕會給英國兵抓住的，那些防護員極力討好日本兵，招待得十分殷勤，据說日本兵送給了他們一些香烟，同時一個廣東人在大談日本人來了不用怕的道理：「只要我們不得罪他，怕什麼？

日本兵又不是吃人的老虎，怕什麼？」因此他叫大家安心一些，如果日本兵來了，事情倒好了。

這時候確實有人希望日本兵早一些到來，中國軍隊到了那裏克復什麼地方的消息，被報紙說得過分誇張了，而結果青天白日旗並沒有在九龍發現，使他們的情緒低落了。另一面香港支持不了多久，這是誰都明白的，因此，他們以爲這樣飛機大砲的轟聲，還不如早日停戰的好，索性將敵人打退了，中國軍隊收復九龍，英軍渡海和中國軍隊相會合，這是最高興最盼望的事情，不然就索性淪陷算了，因爲只有在戰爭結束了以後，才能允許人從陸地上逃了出去，離開這充滿着恐怖的海島。

在戰爭過程裏，報紙多拿市面的謠言和民衆的願望當作新聞，而真確的消息卻很少透露出來。廿五日華僑日報到了防空洞的時候，它說明港島形勢已趨好轉，中環和東區的交通已經恢復，同時在銅鑼灣一帶的敵人也多半被殲，似乎說得有聲有色，香港局勢的確已經好轉的樣子，可是就在報紙到了後不久，敵人已經佔領跑馬地，第一個日本兵已經在防空洞裏出現了。

十六　黑色的聖誕節

十二月廿五日上午，本來為香港熱鬧狂歡的聖誕節，今天我們得在周圍都是炮火的防空洞裏，渡過這熱鬧的節日了；我們以為這個戰爭至少能夠支持到年底，趁着聖誕節，也許敵人會來一個猛烈的進攻。

失利的消息雖然不斷的傳來，可是我們終究沒有親眼看到日本兵，還以為這是不可靠的謠言，不料在大家都沒有提防的時候，一個日本兵突然從裏面黑暗處走了出來，由一〇三號洞口出去了。

那個日本兵撇開了上身的制服，穿着馬褲，一隻手拿着手電筒向四處亂照，另一手拔住了手槍，急急的走着，他沒有停步。這向香港進攻了十八天和我們作戰了五年的敵人，終於和我們面對面的出現了。

敵人佔領了這裏，畢竟給證實了。但，附近一帶是否還有英國軍隊呢？我們[illegible]道。這時，機關槍的聲音聽不到了，敵方的大砲還在向中環那邊轟着。

第一個敵人出現了以後，一〇三號洞口就有敵軍隊伍來回的通過。一個拿槍的哨兵，站在洞口外的屋角邊，許多人好奇的往外看，閃閃躲躲的，那個哨兵舉槍向洞口一指，跟着向天就是一槍，那些看熱鬧的立刻倒退了回來。洞裏，老年人在咒罵這些人招惹事非，說不定會鬧出亂子來，「日本人有什麼好看呢？」

稱呼日本人的慣語「日本仔」，這時已經不用了，「皇軍」替代了它。那些守門的防護團員一個也不見了，他們不知躲在什麼地方。

女人們嚇得束束發抖，有幾個臉色也變白了，熱鬧的防空洞裏，這時喧嘩的聲音忽然低了下來，大家都靜靜的等待着，似乎等着什麼禍患的到來。一個手上帶錶的，走出洞門口，正巧碰上過來的敵人，「皇軍」很習慣地把他的右手拖住，然後捲起他的衣袖，動手解脫錶上的帶子，周圍看到的人很多，誰都沒有哼出一些聲音。

是不是這樣的平安過去了呢？「皇軍」要有什麼舉動沒有？他們要怎樣對待這羣毫無抵

扤的羔羊呢？

隔了有一個時候，洞裏的居民，忽然紛紛的走了出來，他們帶着箱子，拖着被包，背着帆布床，也有端着椅子的。怎樣的，他們都預備回家去了嗎？可是外面的大砲還在轟呀！

拉住了一個人，問他上那兒去？他低下頭來輕輕說：「裏面住趕，皇軍不准人住！」可是審許多　從一〇三號洞口出去了以後、站在屋角的哨兵，立刻舉起槍來瞄準着，不准走過去，於是那些人就擁塞在洞口，進也不能，退回去又不敢。

以後是不停的腳步聲，凌亂的踏步，向那面看，只能見到黑壓壓的人羣，不斷的擁到另一個洞口去。腳步聲繼續了一個多鐘頭，稍稍的息了一回，就聽到日本兵用着生硬的廣東話高喊，「快！」「快！」

輪到在洞口的我們走出的時候，差不多整個防空洞裏的人都被趕空了。這時候，我才看見一個日本兵，高高的拿着一盞馬燈，一看走過去的人，就提起燈來照一下你的臉上，然後讓過他的身邊走出洞去；另一面站着二個托着步槍上插刺刀的日本兵，他們不時的喊着「快！快！」或者突然橫了一下槍，喊着：「凡路西啲！」

這樣的聲音和這樣的姿態，我記不清在那個戲劇裏見過的。帶着一箱乾糧，我走出洞口去——「這眞是在演戲嗎？日本兵究竟要我們扮一些什麼樣的角色呢？」

才出洞門，一陣密集的機關槍聲傳過來。「敵人是不是準備把我們這些人都掃死呢？」我懷着一顆忐忑的心跟着前面的人走去，心裏明知道敵人對付香港華人的辦法，一定是採取懷柔政策——這從幾次飛機上丟下的傳單可以看出來；可是儘是這樣的趕，究竟怎樣處置我們這些人呢？

扶老攜幼背着行李的人羣，一批接着一批的經過敵兵指定的路線。沿線站滿了哨兵，一隊憲兵坐在山石上，像看什麼把戲那樣瞭望着，他們有些帶着眼鏡，有些嘴唇上留了一撮小鬍鬚，年紀有老的，有年青的也有十六七歲的小兵。

也許那時候，他們就在用他們久經訓練的眼光，在留意經過的人羣。走在我旁邊的一對年青夫妻，男的忽然被憲兵叫上去受檢查，連衣服都解開了，一面還用廣東話盤問他的姓名、年齡、住址和職業，在下面的他的女人，看着丈夫沒有下來，起先發抖，後來急得哭出聲來了，眼淚掛滿了她的臉上，她走又不是，站下來又怕，不知怎樣辦才好。

一個憲兵用廣東話對她說：「不用怕！不用怕！」可是她的眼淚還是掉下來。

拐過了一個小坡，那是一個工廠的草場，嚇！那一個很大的草場上，已經全部給防空洞的居民坐滿了，被頭箱子安放在旁邊，人，就在那裏不動的靜候發落，當我們到達的時候，草場上已經沒有了地位，領路的日本兵就把我們帶入工廠裏。

那是四周都有窗戶的房子，但，因爲好久沒有人住了，空氣異常的鬱悶。看守我們的日本兵拿出一盒英國香烟，抽出好幾枝來分散給我們，坐在前面一個不想吸的，對他搖頭，他就在鼻子裏哼了一聲「唔！」立刻那個人把烟拿過來了，他還替人點洋火，裝作很和氣的樣子。

關在這裏做什麼呢？沒有人敢問他。許多人擠在一間屋裏竟沒有一些聲音；大家就是呆呆的坐着，你看看我，我望望你，等待敵人的處置。

這樣坐了快半個鐘頭，看守我們的日本兵，招手叫我們出去，於是我們就提着行李跟着他走出屋子，他指定我們坐在大草場的一個角落裏，同時做手勢叫我們坐下來，不要動。

一定是要開一個羣衆大會吧！說不定喜歡吹牛的日本新聞記者，已經用鏡頭在拍攝照片

「中，在這一羣人的照片底下，他一定會寫明「華人歡迎進入香港的皇軍」。

炮彈還是呼呼的從頭上飛過去，他位就在我們不遠的地方，幾架有膏藥旗的飛機，在近處低飛，大概飛機上早已發現這樣龐大的目標了，如果來一個炸彈，真不敢想像有多少人遭難，可是，它僅僅在頭上盤旋兩週，然後又飛向九龍的方向去了。

大家呆坐着，差不多又過了一些時候，一個紮有憲兵布條的留小鬍鬚，帶指揮刀的日本軍官，在一個角落裏出現了。他帶着二十多個背槍的步兵，他指定一小隊日本兵自東至西的在人叢中穿過來，另一隊自南至北的穿過去，這就成功了一個×字形，步哨站滿在人羣的中間，荷槍監視着。這樣也許容易控制什麼無數萬的人羣，一發生什麼事情，就馬上能夠將事情解決。

隨後，那個留小鬍子的憲兵隊長就在×字形哨兵的中心站起來，旁邊，一個帶眼鏡穿中山裝的廣東人也站了出來，憲兵隊長講一句，那個廣東翻譯就解釋一句，說的是：「香港戰事是對付白種人的　把東亞人的香港收復了，回到東亞人的手裏，中國人可以一些不用害怕，皇軍決不殺害中國人的。」

訓話完畢了以後，依舊讓我們坐在草地上。這時候人們偷偷的說起話來。大家猜想掃射危險是沒有了，說不定要把這麼一大批人裝運到筲箕灣銅鑼灣那面淪陷區裏面去。當時香港戰事還在灣仔星島日報館附近進行，雙方還都在敵對狀態中。

可是這批人裝去了以後又怎麼呢？裝回到那裏做什麼呢？這是想不出理由來的，敵人決沒有這樣傻，要找一些麻煩學來養活你大批的人羣。

x字時移動了，凡是臨近的日軍都作了嚮導，我們得跟着他走路。誰知走的還是照原路回去，他又把我們重新送入了防空洞。

眞像逃出了前一般，回到了防空洞，如同回到了家裏。共過患難的朋友們互相慶幸着沒有碰上什麼意外，而大家都能夠不吃一些苦平安回來。

那時已經下午了——這眞是一個不吉祥的聖誕日。炮聲已經停止，飛機也沒有再丟擲炸彈，機關槍也不叫了。據說中環有一輛掛着白旗的汽車駛到跑馬地這面日軍的司令部裏來，等到那輛汽車回到中環，第二次再轉來的時候，香港的命運就決定了：六點鐘雙方簽了字：「停止戰爭」——這百年來的統治者，就從此失去了它的統治權了。

八〇

巷戰就僅止於灣仔星島日報館爲止。這十八天來的香港保衛戰就在耶誕日結束了。此後，百萬以上的中國人，和在香港的英美荷僑民及士兵，他們的命運都將陷入悲慘的境地，在殘暴的敵人統治下，度着不可知的俘虜和順民生活。

十七　行路難

「皇軍」的搜查，差不多繼續了五六個鐘頭，回到了防空洞以後，居民們起先慶幸着沒有吃一些苦回來，但，不久想起敵人到了以後，是不是還要在防空洞里住下去呢？大家担心晚上會挨搶，女人們則害怕敵人會在半夜三更，把他們拖了出去。

於是大家都預備回家了。可是出了洞口，又給站崗的哨兵趕了回來，步槍聲像開玩笑一般，隔不一刻便嚮了一下，馬路上連人影都看不到，現在能夠通行的路綫，只有筲箕灣，銅鑼灣敵人佔領的區域，住在那里的居民，可以立刻回去，住在跑馬地一帶的卻絕對不能通行。一個常說「皇軍來了不用怕」的廣東人，他解釋這倒是「皇軍」的好意，因爲，如果他們肯放你過去，那裏正在巷戰，「你不是白白去送死嗎？」

因爲被搜查時的慌亂，而且當時也不知道「皇軍」究竟是什麼意思，很多人丟失了東西。因爲他們全部貲重的家產都集中在這裏，要在一剎時立刻搬動，當然困難得很，走在前面的力氣不夠，拖不動東西而落下來時，就給後面的拾了起來，前面的也不想索回失物，後面的隨便一轉動，就在人叢中消失了，使丟了東西的失去視綫。

一些笨重的東西，當時是根本無法理會的，回到了防空洞，丟失東西的人，又四處的找尋起來，弄得要安靜的坐一下都不可能：「一個帶包裹的人落了水，在水中他拚命喊救命，可是人家將他救上岸以後，他就記起他的包裹了！」這時候防空洞裏的居民，他們就是這樣的。

這一個晚上，許多人都不能入睡。擠在一起的，依舊有那麼多的人，在黑暗裏，他們都在輕聲談天，不時窺望黑黑的洞外。疏落的槍聲，時常傳入到洞裏來，皮鞋脚敲在水門汀上的聲音，正像敲在每個人的心上。

恐怖已經籠罩在洞圈，雖然大炮不再發出聲音；也沒有聽到激烈的機關槍聲了，可是十幾天來在耳朵裏嘶叫囂的聲音，突然停止了以後，分外的寂靜，反使人感到空虛與恐怖。

晚上平安的過去了，整個洞裏的人，都在整理行裝，準備回家，但誰也不知道什麼地方可以跑，什麼地方禁止通行？在洞口張望一下，跑馬地裏正排列了大批的隊伍，不知在幹些什麼；大批的馬隊也排列在那裏，時常長嘶起來，洞外屋角裏的哨兵，依舊站住不動，橫拿着步槍，裝作隨時都準備放的姿勢。

跑馬地上面是萬國公墓，再上去就是我們的住所東山台了——房子似乎還沒有被大砲轟壞，可是那是一條軍用路，又要跑上半山去，敵人是不是會允許呢？要是不能上山的話，我們向那兒去住呢！

感謝防空洞裏認識的一些江浙同鄉，他們叫我們暫時住到他們那面去，他們就住在海邊第二條馬路。他家裏曾經放了二袋米和其他東西，他在担心會不會給人搶走。

提了一個小箱子——裏面還存放了十幾聽軍用牛肉，我們向洞裏走，穿過了山洞已經繞過敵人的步哨了，在一〇三號防空洞裏生活了五天，現在得向它告別了。

洞裏，依舊留有許多人，他們有的從九龍過來後，一直住在防空洞裏，沒有歸宿，有的家裏房子已經給炸毀或轟壞了，回去也是沒有辦法，他們正在焦急不知該怎麼辦好，人跑空了以後，顯得防空洞格外闊大，而恐怖也跟着增加起來。

因爲幾萬人生活在防空洞裏，洞口已經給垃圾、罐頭、果皮、一切汚穢不堪的東西塞滿了，如果再要生活下去，這些汚穢東西腐化了的臭味，已經足夠使人生病，要講其他衛生是更困難了，洞中生活就這樣結束，這也是一種幸運。

可是，在這幸運的後面，正安排着不可知的危險，我們顧不得了，總還得冒些險，衝過敵兵的步哨。

一出了洞門，天地似乎擴大起來，光綫也特別刺人眼睛，一排排的房屋，都覺得很新奇，隔了沒有幾天，似乎一切變得陌生了。意外的，街道兩面的店舖，關緊了牌門，噼拍的打牌聲，都從每一家嚮亮的傳出來。馬路上都是塵埃，磚瓦和彈片，幾個女人就在炸壞了的自來水管裏掏出水來，一桶一桶向家裏送。

前面的一大批人正坐在人行道上，遠遠的那面站了步哨，大約是通不過去，被頭舖蓋一大堆，放在那裏，幾個女人躲在男人的背後，他們也不前進，也不退後，就躲在這個地方。我們詢問了一下，才知道有人跑近步哨綫的時候，敵兵就舉起了槍，不然，就是開玩笑般向天一槍。

一個年老的男人，正在附近行走，忽然給敵兵拉住，被他用粗大的皮鞋脚發狠的踢着，那個老頭子跪了下來，兩手依舊抓在敵兵手裏。在不遠的地方，一個老婆子也跪在地上，她遙遙的向敵兵叩着頭，台起兩手不停的拜着。現在老頭子還是左一脚，右一脚挨着敵兵的皮鞋，身上，背上，都被踢着了，然後整個的倒在地上。

知道這個方向一定不能通過了，我們見機的囘轉了頭，預備轉過另一條馬路，再拐彎到我們那同鄉的家裏。

遠遠又看到另一個哨兵的時候，我們都停了下來，一個稍稍懂得幾句日本話的朋友，他一個人先走近敵兵的前面，他向他一鞠躬。然後詢問是不是可以由這裏通過去，起先，那個敵兵横一横槍——我們都嚇了一跳，以爲又要開玩笑般開槍了，後來他忽然擺一擺手，表示可以通過，我們立刻走過去了，他也沒有檢查我們的行李。

什麽路上禁止通行，或者什麽路上敵兵不准通過，有大部份是看站崗敵兵自己的高興，善良一些的不給你什麽爲難，擺一擺手就給你過去了，刁猾一些的，他就想出許多辦法，來刁難你，隨便刮你幾個耳光，發狠的踢你幾下，叫你在他前面翻一個大跟斗，或者在檢查你的行李時，撿些小巧的東西（包括鋼筆、手錶，手帕、毛巾之類）隨手放到自己的袋裏。有時候你跑過第一個哨兵的崗位，第二個卻不給你過去了，當你退回去再經過第一個崗位時，他卻不允許你回去，於是，你就只能在這一條路上踱來踱去；等待站崗的敵兵忽然高興了的候時，才放你過去。

敵人曾經劃定過某些地方作為軍事區域，禁止一切外人闖入。一個朋友在灣仔附近，親眼看見一個年青男子，因為不小心闖入了所謂軍事區域裏，敵兵奔上來就是一刺刀，當那深深插進胸膛裏的刺刀，拔出來的時候，鮮血從刺刀上不斷流下來。日本兵連臉色都發青了，他招呼了二個同夥來，隨便將屍體拖走。那個朋友為着眼見這件事，有二天吃不下飯。他說他一想起那刺刀上的鮮血，那鐵青的日本兵的臉，他便禁不住要顫慄起來。

一路上，全是劈拍的牌聲，「他們真都有那樣的閒心思打牌嗎？」碰到一位一直躲在家裏沒有進過防空洞的朋友，他告訴我他本來不喜歡打牌的，現在家裏他也是不停的打牌：「為什麼呢？」砲彈飛得那麼緊，機關槍又不停的響着，還加上轟炸，「你要做一些什麼事呢？」沒有什麼能夠解除人們的恐怖，打牌也許會暫時忘却屋外的恐怖，到砲彈落在太近的時候，清脆的爆裂聲一響，大家就一起伏到地上。

躲在家裏沒有進防空洞的，他們佔了居民中很大的比數，他們所以不進防空洞的原因：最多由於找不到地方，連坐一下都很困難，沒有辦法，只能坐在家裏；另一種由於防空洞裏空氣太壞了，怕生病，他們進去了又出來；再一種是丟不了家產，在慌亂的時期裏明搶暗偷的事情太多了，自己如果不留在家裏，那麼一定無法守住這些家產，因此，他們要和家產共存亡。

「我是買那麼一塊地方！」那個朋友又補充着：「那塊地方就是我們的屋頂。我們都這樣想，砲彈雖然多，它不一定落在周圍，即使落在周圍，也不一定落在我這屋上，落到我屋上的話，它很可能穿過一層樓或二層樓就開花了，於是在底下的我們，還是平安無恙，假如真的一直落在我買的那一塊地方的話，那是命運叫我如此了。」

街路上，沒有站着哨兵的地方，來往的人比較多，他們多半在抬水或者閒散的坐在門口看熱鬧。近哨兵的地方，路人就少得多了，敵兵不時開着步槍，使他們不敢走近這個區域。

近街角，靠海邊的房子，有許多間給燒毀了，這些都是炸彈炸壞了的，斷了的橋樑，像黑的木板，和凌亂的磚瓦，都倒在馬路上。電線垂掛在路中，或散落在人行道邊。給砲彈打中的路上，挖起了一塊水門汀，成爲并不很深的一個洞，就在這洞的附近，房屋的牆上，多半有了彈片的痕跡。巷戰激烈的地方，牆上都是蜜蜂窩一樣的機關槍洞，沙包附近總是着彈最多的地方。

路上還有許多顆沒有爆炸的砲彈，很安靜的橫臥在它落下的地方，沒有人去碰它，看到了它，多離得遠遠的，怕它會突然一下炸了開來。

差不多每一家門口，都積滿了垃圾了。幾個星期來沒有掃街的工人，沒有裝垃圾的汽車，使居民只能夠將它堆在門口，馬路中間舖滿了磚瓦屑，彈片和木片，人行道又充塞了垃圾。平日潔淨的街道，戰後都變成污濁不堪的垃圾世界了。

有幾條馬路上，敵兵正在拉夫，看到幾家開了一扇門的，他們走進去就拉了男人出來，叫他帶了掃帚，在馬路上掃街，因此，當我們經過的時候，看到一些奇怪的掃街夫，有穿着短衣服的，有穿着長衫的，也有穿了西裝打一條大紅領帶的，他們都在敵兵指指點點下，低頭掃着。街道兩面沒有閒人，因爲只要有人站出了門外，敵兵就立刻叫你拿掃帚掃街，沒有人願意做這種倒霉的苦差使，何況有時候還要受着敵兵的責難。

垃圾車已經看到幾輛了，工人們也已經齊集在車上，他們不過多帶了一條臂章，一顆紅的太陽，寫着一行：「大日本軍民政部」，垃圾一堆堆的向車上送，汽車上貼着：「大日本軍特許」的條子。

沒有一家店鋪開門的，好多家的店門倒寫着「被劫一空」的條子，馬路邊也沒有看到一個買東西的小攤子。偶然有一輛汽車駛過了，裏面坐着「皇軍大老爺」，翹着小鬍子。一二個帶着臂章的人，匆匆的走過。一種是一個紅十字，屬於紅十字會的，另一種光是一塊血紅的膏藥，沒有寫着什麼字。

到了什處以後，仔細的觀察，原來這地方就是我們在戰爭開始時，由九龍偷渡到香港登陸的地方。那面，又正是面對九龍。從三層樓上望過去，海面上已經有渡輪在過海了；也有小艇仔在海面上泛着；九龍的大火依舊沒有熄，濃烟一直冒到了天空，那里的天文台沒有被炸；也看到綠色草地的兒童公園；火車站上有一個車頭連着車廂停留在那裏。八日早晨曾經在那個公園里散步，看着平靜的海水；十二日晚上這裏是自由的天地，依舊不屈的抗戰，對

九〇

港九龍已經是敵人的世界，成了淪陷區；今天——二十六日，香港和九龍已經同一個命運，一樣的落在貪婪的敵人手裏了。

香港最高的太平山頂上，有一面旗子在飄着，對海半島酒店屋頂上，也有一面旗子在飄着。這十八天來的戰爭，已經把香港從天堂帶到了地獄，米字旗換上血腥的太陽旗以後，這不靜了有百年的海島，將整個沉落在血腥裏了。

十八　劫後風光

馬路上在行路的人，每一個幾乎都是慌慌張張的，一個突然跑步以後，其他也會跟着跑起來，——也不明白是什麼緣故，每一個有家的人，儘可能不走出門口，成天的躲着，一些有事必需出去的，也儘可能縮短在馬路上的時間。

沒有地方買菜，糧食更是一個最大的問題，水的來源有的地方依舊有，有的地方則滴水不流，因此，常常要跑了幾里外的地方，才能取得水，而一個有水龍頭的地方，總是長蛇一樣排着許多人。

「排隊」倒似乎已經訓練成一個習慣了，戰爭過程裏，買米買柴以及購買一切日用品什麼地方都是排隊　都得依先後挨次序，一個跟着一個，沒有人搶先，誰都是耐心的忍受着，至多也不過自己焦燥着自己而已，這也許是戰爭要養成儂有的美德，使平日不習慣於「守秩序」的，懂得了「排隊」！

敵人的哨兵，時常愛鬧一些不大不小的玩笑，步槍，就像新年與小孩子玩爆竹，出人不意就是「轟」的一響；刺刀也成了開玩笑的工具，一些女人或小孩子走過的時候，他就弓起背，裝作衝鋒時姿態，一直衝過來嚇唬人。

被彈片擊斃的死尸，大多還依舊躺在馬路上，幾天來就這樣一直沒有人去理會，死人看得多了，偶然在馬路上看到的時候，也不見得有特別的感覺。在戰爭裏，還有八十萬人口的海島，整天給炮擊和轟炸着，死去了的人有二萬以上。

一些大的店舖都給封了門，門口釘上「大日本軍陸軍管理」，或者是：「大日本軍海軍管理」的牌子。第一張安民佈告上寫着：「保護華人財產，香港戰爭是對付白種人的戰爭」；可是有許多華人的店舖都給封了，那都是比較大一些的舖子，包括先施，永安，大新，國貨公司，買賣五金材料，汽車行，汽車材料行，以及資本比較雄厚的商行。敵人的佈告說明幾乎包括所有一切物資都在統制之列，沒有經過「皇軍」的允許，一切的物品，都不能自由搬動或買賣。

貼得最多最[illegible]目的[illegible]告，是「皇[illegible]」到[illegible]，必須一律[illegible]用[illegible]用手票，如違者決[illegible]懲[illegible]罪，港幣票面在拾元及拾元以下的方准通用，據說這還是為了維持一般平民的生活，「皇軍體恤中國人」！

電影院門口，都貼上了「大日本軍報導部」管理的條子，已經有貼着『香港日報』大字的汽車．在門前駛過，香港日報是敵人直接主持的報紙，八日就被香港政府停刊的，老牌漢奸報：「南華日報」『自由日報』「天演日報」也在同一個時候裏，遭到了同樣被封閉的命運。

可是今天是他們的天下了，他們的主人，已經取得了整個香港的統治權，報紙在一二天內一定會出版的，報紙的忠奸，報人的節操，都會在這個時候表現出來，敵人已經宣佈了香港市政由日本軍民政部管理，他們歡迎以前在香港政府工作的公務員，和重慶在港的工作人員，一起向他們那裏報到，以『從優』的報酬，來誘惑人們做漢奸！

「做漢奸」的機會在這時候是太多了，原來香港政府的許多職員　都陸續去報了到，在同時，他們就得到了飯碗，連一些英國籍的職員，他們也有一部份掛起了血紅太陽旗的臂章。他們已經有了特殊的威力，在見不到敵兵的地方，大搖大擺着。

由東區通到中環的路，已經能夠通行了，一二天以後，敵人的哨兵僅在交通要道口站崗，白天、馬路上又響着廣東人特有的木屐聲了，晚上，沒有電燈，沒有脚步聲，傳過來的只有疏落的槍聲。

沿着平日最熱鬧的皇后大道走上去，人們排成了一條直線，來去都靠在一面走，沒有代步的電車和公共汽車，小汽車駛過，幾乎都是敵人的軍官，「皇軍」的陸軍衣服是那麼破舊的，有許多都打了補釘，海軍軍官草綠色的嗶吱制服却異樣的漂亮，馬路上，常常有八九個一小隊敵兵，背着「三八式」，跨着八字步，在市上巡邏。

賭博是敵人進佔香港後，最興隆的事業之一，從最熱鬧的皇后大道起，一直到偏僻的角落，到處皆是，起先，只不過路邊大道上，擺下了攤子，隨後慢慢的擴充了，於是規模宏大的「榮生公司」，「兩利公司」等大賭窟，也都紛紛開了起來，賭客擠滿了每一個賭台，吆喝聲，笑罵聲，時時從賭場的屋子裏送了出來，有時，行路的地方也全給賭徒們擠滿了，賭場是一間緊接着一間，「皇軍」到處，別的職業大多遭了難，而這和「皇軍」不能分離的賭博，却如雨後春筍那樣的勃興起來，如果說敵軍在香港有什麼「建樹」的話，那麼賭博是他們不可抹煞的偉績之一。

海軍船塢是香港中了砲彈最多的地方，牆上有一個被炸了很大的破洞，原先的英國兵營，也中了許多顆砲彈，一輛被炸壞的汽車停在路邊，有三四顆沒有爆炸的砲彈，散落在附近，在砲戰激烈的幾天，人們經過這一帶的時候，看到當時的情形，就會不自覺的快跑起來，一直跑離了這一個危險區域，才覺得安心，雖然砲彈時常丟落在這個地方，可是那時候英國軍隊照常的進進出出，而且不時有軍用卡車從裏面開出來，或駛進去，他們對於砲轟滿不在乎，屋頂上的大鐘被砲彈炸壞了，他們還有餘暇特地爬上去把時間校準。

那個破了的兵營裏，現在還依舊住着英國的軍隊，不過他們已經被解除了武裝了，現在他們優閒得很，三二個伏在窗口，看着過往來去的行人，三二個自管自的談天，他們依舊是那樣樂天的，嘻笑聲時常傳到馬路上來。

日本軍隊在海軍船塢附近，他們正在整理一綑一綑的擄得物，那些都是用麻袋裝起來的，堆滿了一個空地，在麻袋上面，有一個敵兵在粘着小小的票籤，上面寫的是：「神戶……」擄得物聚集了以後，卡車就將它帶到西環的碼頭去，放下了大輪船裏，這些輪船就一直駛回到日本。

我曾經在一個很大的單車行門口呆看了多時，一輛汽車放在門口，幾個日本兵指揮着苦力，把簇新的單車，從里面一輛一輛的背出來，搬上了汽車，那一家單車行的老板和他的太太、夥計們，就在門口站着，看日本兵把整部汽車都裝滿了，然後，汽車開走了，又一刻，又是一輛卡車在他的店前停了下來，跳下來幾個日本兵和苦力，於是簇新的單車，又從裏面一輛一輛的搬出來。

老板也只和我一樣，作爲一個旁觀者那樣閒着，似乎這些東西本來就不關於他一樣，日本兵走了以後，還得替他看守這些還沒有搬走的東西，如果遺失的話，那麼，老板當然得犯罪——他至少加你一個任意搬動的罪名。

差不多二十五日以後一個時期裏，每個日本兵都很忙碌——除了舉行「入城式」放假那幾天，他們都爲着搜括物資而奔走，傳說保衞香港要塞各種式樣不同的大砲，敵人也已經將它運走了，用于進攻南洋的戰場上。

香港所有的汽車，（包括沒有毀壞的卡車，公共汽車，小汽車）都集中在滙豐銀行附近的草地上，能夠拖得動的，都陸續從各處拖到賽馬場來集中，草場上擺滿了各色各樣大大小小的汽車，幾個日本兵忙着將米字旗改成紅色的膏藥。

留在馬路上的，還有一些打壞了的汽車，在那些壞汽車上面，也都貼上了「大日本軍管理」字樣，只要能夠搜括得到的，敵人什麼都要。敵人和我們打了五年仗，是從來沒有得到過物資這樣豐富的城市，這一次香港戰爭，他們可真發了一大筆橫財！

告羅士打大廈下的許多英美商人的店舖，也都被封閉，戰後曾經和朋友們逗留過好多次的香港大酒店門口，貼着四個大字：「興亞機關」，掛着「大日本軍民政部」臂章的英人，印人和華人，都在那裏進進出出。

中環，馬路兩邊都是小攤子，各色各樣貨物，全都有賣，這些，有的是小販臨時販來的，有的就是原來店舖裏有的東西，擺成一個小攤頭，做買賣的人，多半因為戰爭失去了職業，為着糊口，他們不得不出來做一些小買賣，因此，穿西服的有，穿短衣服的有，還有一些漂亮的小姐們，他們販了一些糖菓，也在四處叫賣。

這些攤子如此多的原因，在先原不過因為戰爭時，店舖都無法開門，所以由小販來一些買買、後來竟形成一個市場了，因此，攤子就越來越多，從罐頭食品起，到酒，油，菜，肉，糖，水菓，和日常的食物，後來連襯衣，褲子，牙刷，襪子，日用品都有，買點心咖啡牛奶的攤子，也一檔一檔的多起來，這就使各處的居民，都集中到這裏來買物，以致塞滿了整條馬路，擠得水洩不通。

可是，在這許多種的食品和日用品里，米和麵包卻是買不到的，偶然的發現了一些麵包，立刻有人搶着買去了，外國太太和小姐們，她們也都擠在人叢裏，在陸續買一些日常必需的東西。

日本兵也常常光顧這些攤子，他們拿了許多東西以後，往往所付的錢，要比貨物的價錢低；他們隨便摸出一些錢來，又隨便作為貨價付給了小販，小販們明明知道已經蝕本了，可是又不敢向他們再要補一些回來，忍痛的看着他們把貨物拿走。

碰上這樣機會時，這是小販們的不幸，這種「不幸」的遭遇，說不定一天會碰上二三次，因此，他們不得不把物價提高了一些，把一切損失都放在貨物的成本裏，然後賣了出去。

不幸的還是一切要消費的平民！

十九　流氓世界

敵軍在奪得香港後二天，舉行規模盛大的「入城式」：隊伍排列過無數條馬路，包括海軍，陸軍，海軍陸戰隊一起，受指揮官的檢閱；軍樂隊的喇叭吹得特別的響，銅鼓也敲得特別的有勁。

頭上，三四十架飛機，排成隊形，在低空飛過，飛過的時候，丟下了大批傳單，（那還是說明「皇軍」所到處都得使用軍用手票），有一架飛機在九龍上空作種種技術表演，翻跟斗，打圈子，玩了一大堆花樣：就在這個時候，三艘小型兵艦也緩緩駛入香港和九龍間的海面，艦上掛滿了旗幟，算作慶祝的意思。

這就算是「皇軍」規模盛大的「入城式」，算作海陸空一齊進軍。「那難道是日本的凱旋式嗎？」假如他們沒有忘記在地上觀看的一百萬以上的中國人，那麼，他應該知道這百萬以上的中國人，他們都會設法脫離這魔鬼統治的孤島，回到內地去，和作戰已有五年的祖國兄弟，一齊向着今天耀武揚威，不可一世的敵人作一個致命的攻擊！

「皇軍」在歡天喜地興高彩烈慶祝他們勝利的「入城式」後 士兵們放假享樂，市民們卻因此遭災受苦。這些胡亂喝醉了酒的日本兵，到夜半就四出找尋女人，他們三二個一起，敲打隨便那 家的門戶，沒有人會自動起來開門的，於是這一羣無恥的強盜，就不管一切死命的敲，門板被打得震天的響，敵兵又在門外異樣的怪叫着，這情景的確是可怕的。

女人們躲在各處，敵兵的電筒就到處亂射，給他發現的立刻被拖了出去，這幾個晚上，許多女人嚇得在三四層樓的屋頂上亂跑，瓦片被踏得發出破裂的聲音。很多女人遭到了侮辱，他們有被三個敵人一起輪奸的。

我聽見幾個女人們說過：她們不怕炸彈和機關槍，因為碰上了它乾脆的死掉就是，她們最怕是敵兵的電筒和使人膽寒的敲門聲，甚至一聽到沉重的皮鞋聲，女人們就神經質的跳了起來，趕緊藏到預先設法隱藏的地方去。有些敵兵是很俏皮的，他在白天看好了這個房子裏有女人進去，或者他裝做沒有什麼目的的突然搶進屋裏來，給他發現了女人以後，晚上就一定來敲門，敲開了門以後，他的搜索也特別仔細和起勁。

毫無抵抗力量的無數萬市民們，想出了一個消極防禦辦法．每一條街，每一幢房子的每一層樓，都預先商定，任何一家碰到敵兵來敲門時，一面裝做不理會，另一面就即刻敲起銅鑼，或者面盆、洋油箱、以及一切能夠發出聲音的東西，這一家敲了以後，那一家立刻響應，於是一家跟着一家，要不了好久，整條街上都發狂一般的響起銅鑼、洋油箱、面盆；碗碰碗的各種聲音了 天翻地覆的鬧着，使來找尋女人的敵兵，感到心寒而不敢再來找事。另一面，第一家發出的鑼聲，也警告了其他的人家，知道萬惡的敵兵又來了，女人們應該趕快的躲了起來。

爲着敵兵的擾亂，香港幾個和敵寇已經有了來往的劣紳，他們把這些情形，報告了敵軍的指揮官。於是敵酋就下令，當市民敲鑼的聲音傳入憲兵耳朵時，憲兵就應即刻派汽車出來，幫忙市民，趕走惹事的敵兵。

但，每晚的鑼聲太多了，幾乎滿街皆是，等憲兵汽車開到的時候，至少已經相隔有二三個鐘頭了。這種敲鑼發聲的方法，効果倒的確收到的，因爲天翻地覆的鬧聲，至少嚇得出來尋業的敵兵，給打壞了與豬。

這一種方法，也同時用在流氓家搶東西的時候。當香港剛要淪陷，一些躲在家裏沒有出來的人，他們大多碰到了流氓的勒索。流氓們用手槍對準着門口，利斧拿在每個同夥的手裏，如果對方不允許出錢，他們就立刻以武力解決。他們勒索的名目叫做「保護費」，那一家不願出錢，他們就打爛了門戶，然後進來用手槍抵住你的胸口。

這種「保護費」的數目，完全出流氓來決定。他們非常熟悉你的經濟情形，依你的經濟力量，說出勒索的數目，有幾十元幾百元的，也有幾千元的。因為他們平日都是住在本地的」，所以他們清楚地懂得了一切。

當時，東區的幾條馬路上，幾乎沒有一家不出錢的。不過也能夠和他們討價還價：你可以說明所以不能出得太多的理由，如果把他們說服了，他們就答應少拿一些錢走了，不然，他們就死賴住不走，這般恐嚇，那樣威迫，非使你出錢不可。

勒索在敵兵進入的時候，依舊沒有停息，而且他在半夜突然來敲門。他們并沒有因為敵人到了以[illegible]而[illegible]止活[illegible]——[illegible]然，「皇[illegible]」[illegible]禁[illegible]刼、[illegible]當以[illegible]的告示。因[illegible]，

市民們也用消極的敲鑼辦法來對付，這樣，也收到了效果，因爲流氓們懼怕日本憲兵的駕了汽車來援救！

冷靜街角裏，搶東西是很平常的事情。在中環，十分熱鬧的地段，時常有流氓突然拿出手槍，抵住你的背心，然後發出命令：「跟我來！」到了比較冷靜的地方，動手搜刮你的衣裝，客氣一些的掏去了錢、手表、値錢的東西走了，不客氣的連一雙襪子都給剝走。時常，出去的時候穿的是一套漂亮的西裝，囘來只剩了一件襯衫和短褲。

堅道上，流氓公開在路上持槍「行獵」，尋得目標後，立刻開始搶刼。背一袋麵粉，提一袋米，這是最容易被搶的東西。一切的食品罐頭，從店舖拿出來，有多半拿不到家中。

沒有米買，雜糧比平日貴了十倍；米每斤賣到二元港幣，大麥、玉米、都賣到了每斤一元半。假造的麵粉特別多，一個疏忽，買囘來就是石灰粉或其他的礦石粉。敵人將香港九十五萬担存米，運走八十萬担充作軍米。有人估計如果這樣情形再繼續二三月的話，香港一定會發生人吃人的慘劇！

夜半，那一片連接的敲東西聲音是悽慘的，使人有一種說不出的恐怖。敵軍和流氓的橫行，食品粮食的缺乏，除了澳奸，再沒有人會留戀這恐怖的地獄，恨不得長出一對翅膀，飛了出去。

二十　再見！腐臭了的香島

離開聖誕節快有二個星期了——也就是我們已經做了快半個月的順民了。我們知道已經有日本船可以離開香港。那時候，各方面都在喊着「疏散」「疏散」，從九龍沿陸路上可以到淡水惠陽，坐木船可以先到香港外的長洲島再往澳門。

香港是沒有辦法不疏散的。敵人要在一百六十萬人口中，疏散六十萬。這一個疏散工作由各籍同鄉會分別辦理。

疏散的第一步手續是登記，願意回籍的，都先到同鄉會去辦理登記。有一些同鄉會還是爲着奉命疏散而新近成立的。他們願意爲自己的同鄉服務，貼出了佈告，登記回籍人數，然後是僱定船隻，再設法打通路綫。

我曾經跑到江浙同鄉會去參看一下登記的情形：那個辦公室設在四層樓上，登記者從第四層樓的扶梯口站起，一直擠滿了下三層扶梯，然後再拖開了，伸長到人行道上，到另一條馬路。登記的手續并不麻煩，不過填了一張姓名年齡職業住址的條子。可是人口移動却異常的遲緩，有早上站到晚上的，有一連來了三天沒有登記到的，未登記的人，多半在午夜十二點來到辦公室的門口，後來甚至有人就一直坐在扶梯上不走動，晚上伏在原來的位置上打瞌睡。

每一個同鄉會的門口都是如此。要離開香港的人，真是成千成萬，大家怕在敵人經敗的時候，英國方面可能會再來反攻，那時候香港將遭到第二次戰爭。當然，這是以後的事情。擺在眼前的嚴重威脅是糧食，不僅價格不斷的飛漲，而且已經到了有錢無法買到的地步；沒錢的根本無法買，有錢的也感到了相當困難。

沒有一個人能夠生活在這恐怖悶人的海島上，誰都在打算走，雖然有許多在離開香港以後的生活沒有把握，但「離開了這魔窟再說」！這已經成為一般人的口頭禪，幾可以說是一個必然實行的信念。因此，一大批，一大批，扶老抱幼，冒着危險，他們紛紛從陸地和海面上離開這魔窟，他們平日都是愛惜自己家財的，今天，他們都是不顧一切的丟去！丟去！不再打算回來。

我曾經碰到一次敵軍憲兵的挨家搜查，那是一月十日我決定離開香港的前一天。東區駱克道近國民戲院一帶，兩面都站起了敵人的哨崗，一輛滿載憲兵的汽車，停在馬路中，不准一個人離開屋子，馬路上也不准有一個行人。於是敵憲兵就挨家的來敲門。一個掛着刺刀的憲兵跑進我們的屋里來，還帶着一個翻譯，他問我做什麼事的？那裏人？又搜查我的房間。可是他沒有得到一些什麼，在門口用粉筆寫了幾個日本字走了。可是放在馬路中的汽車，在開走的時候，拿了幾個學生裝的青年，他們雙手被反綁着，隨着滿車憲兵的軍用車，疾駛而去。

抗日份子是逮捕不完的，一百六十萬居民中，那裏去找到他們呢？敵人的偵查并沒有多大的効用，都給漏網了！回到內地以後，抗日的還依舊是抗日的。這只能怪敵人自己的愚蠢，落在他們手裏的抗日份子，全都是平安的逃離了香港，他們都已經早從水路和陸路逃了回去。

我離開香港的一天，是一九四二年第二個星期。從戰爭開始一直到離開香港，整整過了六個星期日。這六個星期里，我看到的是太多了，許多我想寫的，我不能寫出來，許多我要寫的，我沒有辦法寫出來，因此，我只能寫成了這樣一個不倫不類的報告，勾出香港戰爭的一個側面而已！

離開香港的時間是上午十點鐘，經過堅道，禮拜堂依舊送出來沉重而又柔和的祈禱聲，上帝是不是知道這個百年安靜平和的海島，已經改換了主人？它的信徒們，現在作了魔鬼的奴隸！假如上帝真能賜福給人類的話，那麼，我願意祈禱他帶一些慈愛給這個海島上的居民，使他們能夠因為愛而反抗這人類的敵人，因為愛，再重新創造過一個沒有人壓迫人，自由幸福的天堂，那末，我就在臨行前，念一聲：「阿門！」

一九四二、二、廿五、桂林

書名：香港淪陷記（一九四六）
系列：心一堂　香港・澳門雙城成長系列
原著：唐海 著
主編・責任編輯：陳劍聰

出版：心一堂有限公司
通訊地址：香港九龍旺角彌敦道六一〇號荷李活商業中心十八樓〇五—〇六室
深港讀者服務中心：中國深圳市羅湖區立新路六號羅湖商業大厦負一層〇〇八室
電話號碼：(852)9027-7110
網址：publish.sunyata.cc
淘宝店地址：https://sunyata.taobao.com
微店地址：　https://weidian.com/s/1212826297
臉書：　　　https://www.facebook.com/sunyatabook
讀者論壇：　http://bbs.sunyata.cc

香港發行：香港聯合書刊物流有限公司
地址：香港新界荃灣德士古道220～248號荃灣工業中心16樓
電話號碼：(852) 2150-2100
傳真號碼：(852) 2407-3062
電郵：info@suplogistics.com.hk
網址：http://www.suplogistics.com.hk

台灣發行：秀威資訊科技股份有限公司
地址：台灣台北市內湖區瑞光路七十六巷六十五號一樓
電話號碼：+886-2-2796-3638
傳真號碼：+886-2-2796-1377
網絡書店：www.bodbooks.com.tw
心一堂台灣秀威書店讀者服務中心：
地址：台灣台北市中山區松江路二〇九號1樓
電話號碼：+886-2-2518-0207
傳真號碼：+886-2-2518-0778
網址：http://www.govbooks.com.tw

中國大陸發行　零售：深圳心一堂文化傳播有限公司
深圳地址：深圳市羅湖區立新路六號羅湖商業大厦負一層008室
電話號碼：(86)0755-82224934

心一堂微店二維碼　心一堂淘寶店二維碼

版次：二零二零年十二月初版，平裝

定價：港幣　九十八元正
新台幣　四百四十八元正

國際書號 ISBN 978-988-8583-55-3